PICCOLA COLLANA MODERNA

Serie teologica

128

PICCOLA COLLANA MODERNA
(Ultimi volumi pubblicati)

Fulvio Ferrario
William Jourdan

Introduzione all'ecumenismo

Seconda edizione aggiornata

Claudiana - Torino
www.claudiana.it - info@claudiana.it

Scheda bibliografica CIP

Ferrario, Fulvio
Introduzione all'ecumenismo / Fulvio Ferrario, William Jourdan
2. ed. - Torino : Claudiana, 2016
159 p. ; 20 cm. - (Piccola collana moderna ; 128)
ISBN 978-88-6898-116-7

I. Jourdan, William
1. Ecumenismo
262.011 (ed. 22) - Ecclesiologia. Ecumenismo

Prima edizione: Claudiana, Torino 2009

© Claudiana srl, 2016
Via San Pio V 15, 10125 Torino
Tel. 011.668.98.04 - Fax 011.65.75.42
www.claudiana.it
info@claudiana.it

Copertina: Vanessa Cucco

In copertina: Visita di Francesco alla comunità valdese (Torino, 22 giugno 2015); foto di Pietro Romeo.

Stampa: Stampatre, Torino

PREMESSA

Ci fu un tempo, non lontano, nel quale l'ecumenismo era di moda: un poco persino in Italia, dove il dialogo tra le diverse tradizioni cristiane non vanta una grande tradizione, per motivi statistici ma, a dire il vero, non soltanto per quelli. Verso la fine degli anni Novanta del XX secolo e poi, in modo sempre più evidente, negli anni Duemila, il clima è cambiato, finché la «crisi dell'ecumenismo» è entrata a far parte della consapevolezza comune. Nel frattempo si sono imposte altre priorità, prima fra tutte quella del confronto tra le diverse religioni, reso urgentissimo dalle dinamiche della globalizzazione e dall'andamento dei flussi migratori.

Da questo punto di vista, si potrebbe osservare, un volumetto introduttivo, dedicato al pubblico non specializzato, sulle caratteristiche dell'impresa ecumenica, giunge fuori tempo massimo. Forse è così, in effetti. Esso, tuttavia, intende rendere un duplice, modesto servizio.

Sul piano *didattico*, intendiamo provare a colmare un evidente deficit di informazione. Intendiamoci, esistono varie opere eccellenti sull'ecumenismo, anche in italiano. Per la maggior parte, tuttavia, esse si rivolgono a lettrici e lettori già in possesso di una formazione teologica di base. Noi ci indirizziamo, invece, a un pubblico certamente interessato, e disponibile a cimentarsi con concetti non sempre semplicissimi, ma che non necessariamente frequenta o ha frequentato facoltà teologiche: si tratta di persone che abbiamo incontrato spesso in conferenze, convegni, dibattiti e nelle quali abbiamo creduto di cogliere una domanda di informazione e, anche, di avviamento alla riflessione personale. Per quanto riguarda la complessità dei problemi, non abbiamo fatto sconti, ma ci siamo sforzati di conservare all'esposizione un tono il più possibile lineare. Abbiamo utilizzato un'accezione ristretta del termine «ecumenismo», concentrandoci sul confronto tra le chiese cristiane e lasciando fuori dalla trattazione sia il rapporto tra chiesa e Israele, sia il confronto con le religioni universali. Mentre questo secondo tema costituisce in effetti, a parer nostro, un problema diverso da quello ecumenico, la teologia cristiana ha da tempo fatto propria la tesi di Karl Barth, secondo la quale la separazione tra chiesa e sinagoga costituisce *la vera* questione ecumenica, rispetto alla quale i dissensi intraecclesiali sono da considerarsi secondari. La ricchezza e la complessità dell'argomento richiedono però competenze delle quali i due autori non dispongono; inoltre, esse avrebbero decisamente modificato gli equilibri e le proporzioni assegnati a questo volumetto.

Sul piano *ecclesiale*, queste pagine vorrebbero essere un tributo a chi ha lottato e sofferto per l'ecumenismo così come si è delineato nel XX secolo: un grande progetto di dialogo tra le chiese in vista del loro servizio al mondo in cambiamento. I pionieri hanno avuto vita difficile, in tutte le confessioni. Vi sono state persecuzioni, carriere ecclesiastiche e accademiche stroncate, fenomeni di isolamento. Poi, a partire dalla seconda metà degli anni Sessanta, sembrò che la causa ecumenica avesse vinto. Ora, se tutto non inganna, la situazione è mutata nuovamente. Nel nostro paese, tuttavia, esiste una tenace minoranza ecumenica, composta soprattutto da credenti cattolici romani, ma anche da evangelici, che cerca di mantenere accesa la fiaccola del dialogo tra le confessioni in tempi difficili. Vorremmo, con questo libretto, offrire un piccolo contributo a tale sforzo.

Impegnarsi ecumenicamente non solo non esclude, ma a nostro avviso richiede, un chiaro profilo ecclesiale: gli autori sono evangelici e l'intera trattazione è condotta da questo punto di vista, ci auguriamo non senza l'ascolto degli altri.

Grazie ad amici e studenti che, con domande, interventi e apporti di diversa natura hanno contribuito a queste pagine; allo staff dell'editrice Claudiana e alla dott.ssa Maria Rita Scramoncin, che ha svolto il lavoro di editing.

* * *

Siamo lieti di presentare, a sette anni di distanza, una seconda edizione. Essa si differenzia dalla prima solo per l'aggiornamento del capitolo conclusivo, che tiene conto delle novità intercorse negli ultimi tempi, in particolare dall'inizio del pontificato di Francesco. Nella prima edizione, esso aveva, come sottotitolo: «Un'epoca postecumenica?». Ora ci si chiede: «Un nuovo ecumenismo?». Ci piacerebbe poter mantenere questa domanda anche nelle successive edizioni.

Roma-Vicenza, Capodanno 2016

FULVIO FERRARIO, WILLIAM JOURDAN

1

LE RAGIONI
DEL MOVIMENTO ECUMENICO

Presentare la storia delle parole utilizzate per definire un concetto aiuta, nella maggior parte dei casi, a comprendere di che cosa si stia parlando. Per capire che cosa si intenda con «ecumenismo» o «movimento ecumenico» bisogna ripercorrere l'origine del termine «ecumene».

Alla base di questo vocabolo vi è il verbo greco *oikéō*,
cioè «abitare». Nella cultura greca antica il termine «ecumene» indicava i territori abitati in contrapposizione a
quelli spopolati; con l'ellenismo assunse una coloritura
politica sconosciuta in precedenza: «ecumene» non era
più in generale il mondo abitato, bensì quella parte di
mondo sottoposta alla cultura ellenistica e, quindi, in-
fluenzata da quelle strutture organizzative e politiche
create nel quadro dell'impero di Alessandro Magno. Questo rese possibile, con una certa facilità, nel periodo romano, l'identificazione tra «ecumene» e impero: se
l'«ecumene» indicava il mondo civilizzato, esso poteva
essere riconosciuto solo nell'impero romano. Il Nuovo
Testamento si dimostra consapevole di questo significato; nel passo di Lc. 2,1, laddove si legge: «In quel tempo uscì un decreto da parte di Cesare Augusto, che ordi-
nava il censimento di tutto l'impero», il termine greco
che corrisponde all'italiano «impero» è appunto oikuménē. Esiste però almeno una seconda accezione di «ecumene» negli scritti neotestamentari; nel Vangelo di Matteo, al capitolo 24 si legge: «Questo vangelo del Regno

sarà predicato in tutto il mondo, affinché ne sia resa testimonianza a tutte le genti» (Mt. 24,14). In questo caso è evidente che il termine (reso in italiano con «mondo») non indica solamente l'impero romano, ma tutta la terra abitata o l'intero genere umano.

La parola ritorna anche in alcuni scritti della chiesa delle origini, ma è soprattutto nel IV secolo, con l'inizio dei concili, che diviene parte integrante della terminologia ecclesiastica. L'aggettivo «ecumenici» applicato ai concili della chiesa antica intendeva sottolineare che tali consessi avevano validità per l'intera cristianità: ciò che era deciso nell'ambito di un concilio definito ecumenico aveva, dal punto di vista ecclesiastico, ma anche dal punto di vista del diritto imperiale, valore per tutte le chiese. Con la fine dell'impero bizantino, il significato politico del termine andò perduto; rimase però l'accezione ecclesiastica che, nel frattempo, era andata consolidandosi e indicava, appunto, la chiesa nella sua universalità.

Alla luce di queste premesse si può ben comprendere perché quando si parla di «ecumenismo» o di «movimento ecumenico» si intende generalmente quel processo che vuole portare a una espressione di maggiore unità tra i cristiani. Nel capitolo seguente avremo modo di analizzare, con maggior puntualità, gli sviluppi di questo processo e le situazioni specifiche nelle quali si è ritenuto necessario assecondare e sostenere questo movimento di avvicinamento. Il nostro compito ora è quello di presentare le ragioni che motivano l'esistenza stessa di un cammino ecumenico. Esse sono, per lo meno, tre.

1. La divisione nel corpo ecclesiale di Cristo si contrappone frontalmente alla volontà di Dio. *Cristo è forse diviso?* (I Cor. 1,13). L'unità appare come uno dei segni distintivi della chiesa, in quanto corrisponde al fatto che il messaggio che è affidato alla comunità è *uno*, così come *v'è un solo Signore, una sola fede, un solo battesimo, un solo Dio e Padre di tutti, che è al di sopra di tutti, fra tutti e in tutti* (Ef. 4,5 s.), così vi è un solo corpo (4,4).

Questo linguaggio indica con chiarezza che non si deve pensare che tale unità sia un prodotto della buona volontà umana; essa è opera dell'agire dello Spirito santo, dono che la chiesa riceve nella propria fedele vicinanza alla fonte del suo esistere. La chiesa antica ha riconosciuto questo dato essenziale nella formulazione del Credo niceno-costantinopolitano, laddove uno dei caratteri distintivi della chiesa – in linguaggio teologico: *notae ecclesiae* – è appunto l'unità: «Credo [...] la Chiesa *una* santa cattolica e apostolica». Da parte di quanti si pongono criticamente nei confronti del movimento ecumenico, viene spesso osservato che l'unità rischia di divenire uno scopo, un obiettivo per raggiungere il quale molto può essere fatto anche a discapito della verità. Non è questo l'ecumenismo che abbiamo in mente e, se si considera quanto abbiamo detto poco sopra, non può essere questo un ecumenismo di stampo cristiano. Ripetiamolo ancora una volta: l'unità non è un fine di cui alcuni appassionati dell'argomento vanno alla ricerca o tentano di plasmare dal nulla. Essa è dono di Dio alla sua chiesa e, al tempo stesso, compito al quale la voce di Cristo ci chiama. Il primo segretario generale del Consiglio ecumenico delle chiese disse giustamente: «La chiesa contraddice la propria essenza e rinnega il suo mandato missionario, se è divisa». Solo da questa convinzione può avere inizio qualsiasi genuina impresa ecumenica.

2. Una seconda profonda motivazione del movimento ecumenico è legata alla dimensione di credibilità dell'agire delle chiese di fronte al mondo. Il movimento missionario fu uno dei primi luoghi in cui il problema venne posto: dà un'immagine di credibilità quella chiesa le cui differenti – si dovrebbe dire: separate – componenti sono in grado solamente di concorrere tra loro nell'opera missionaria? La divisione che caratterizzava e caratterizza ancora in molti casi le componenti della cristianità mette in dubbio l'autorevolezza della chiesa stessa, ma, cosa ben più grave, mette in dubbio l'autorevolezza del-

l'annuncio di cui la chiesa si fa portatrice. Questo aspetto è tanto più evidente se si considerano l'ecumenismo e il movimento ecumenico non solo come quella specifica attività intra-ecclesiastica, che intende occuparsi del superamento delle divisioni tra le chiese, ma anche come un'azione di comune testimonianza dei cristiani che si rivolgono all'oikuménē, cioè all'intera terra abitata, al mondo. Come può una chiesa non riconciliata al suo interno, farsi portatrice di parole di riconciliazione verso l'esterno? Come può un chiesa divisa portare al mondo un messaggio che invita al superamento delle divisioni? Come può una chiesa incapace di trovar pace al suo interno parlare di pace tra gli individui? Si tratta di domande che mettono in luce la complessità dell'impresa ecumenica, ma che, al tempo stesso, ne illustrano anche l'ambizione tutt'altro che "chiesastica". L'ecumenismo si offre come possibilità per le chiese, come stimolo a coordinare la propria voce e il proprio agire, per poter portare con maggior credibilità la parola di Dio a quanti vivono sulla terra abitata, affinché, come dice Gesù, «il mondo creda che tu mi hai mandato» (Giov. 17,21).

3. Un'ultima ragione che ha sostenuto e sostiene il cammino ecumenico è il tentativo di lasciarsi alle spalle le unilateralità[1] confessionali. Ogni chiesa, ogni confessione, ha assunto nel corso del tempo una forma propria e ben definita caratterizzata da specifici elementi che la distinguono dalle altre. Questi caratteri identitari sono stati in molti casi estremizzati, divenendo vere e proprie unilateralità. Il movimento ecumenico non vuole strappare alle chiese queste dimensioni specifiche, bensì[2] renderle consapevoli del fatto che esse necessitano, nella loro vita spirituale, sacramentale e diaconale, anche degli elementi maggiormente sottolineati in altri quadri ecclesiali. Se l'*unica chiesa* di Gesù Cristo si presenta come un corpo il cui capo è Cristo (cfr. I Cor. 12,12-31; Ef. 4,1-16), le chiese non dovrebbero accollarsi la responsabilità di mutilare[3] questo corpo, portando all'atrofia[4] quelle

[1] Einseitigheit   [2] vielmehr   [3] verstümmeln

12   [4] Schwund

membra che considerano, dal loro punto di vista, poco importanti o trascurabili.[2] In tal senso, l'ecumenismo si pone come un pungolo contro le unilateralità nate dalla controversia confessionale, precisamente in vista di una valorizzazione delle diversità. La nostra epoca ha compreso, forse meglio di altre, che la verità è *prospettica*. Non esiste, nell'esperienza umana, un approccio totalizzante alla verità, che la abbracci a tutto tondo. Come per l'esperienza visiva, così anche per quella spirituale si dà solo una percezione della verità che parte da un punto di vista preciso e si struttura, appunto, in una prospettiva. Così è per la fede cristiana, così come si è configurata nella storia. Già il fatto che gli evangeli canonici siano quattro e che ciascuno presenti Gesù in termini specifici e inconfondibili è, al riguardo, molto indicativo. Il fenomeno della pluralità delle confessioni cristiane può essere compreso in analogia alla pluralità della testimonianza evangelica e, più in generale, neotestamentaria. Tale pluralità prospettica non costituisce, è il caso di ripeterlo, un limite che vada superato. Va superato, invece, il carattere esclusivo delle diverse prospettive e la tendenza di alcune di esse a porsi come assolute. L'alternativa, naturalmente, non consiste in una pura e semplice giustapposizione dei diversi punti di vista. Porre l'una accanto all'altra immagini prese da diverse prospettive *non* costituisce una fotografia a 360 gradi. Nessuna giustapposizione,[4] dunque, e nessuna sommatoria delle specificità. Piuttosto dialogo, confronto, tensione anche. La ricerca biblica ha messo in luce che già nel I secolo le diverse comunità testimoniate dal Nuovo Testamento non intrattenevano tra loro rapporti idilliaci. Esse, però, vivevano la loro diversità nella comunione, testimoniata da quella che viene chiamata la (stretta di) «mano in segno di comunione» (Gal. 2,9). Come vedremo più ampiamente,[5] la *diversità* tra le espressioni ecclesiali della fede costituisce una ricchezza; è la *divisione*, cioè la reciproca[6] scomunica,[7] che va superata.[8] Tale è lo scopo del movimento ecumenico.

1 (1) Gliedmaßen   2 trascurabile — unbedeutend   3 Aufsetzung   4 Aneinanderreihung
5 ausführlich   6 gegenseitig   7 Ausschluss   8 überhaupt

2

CENNI DI STORIA DELL'ECUMENISMO

Quando comincia e come si sviluppa la storia del movimento ecumenico? Già il titolo di questo capitolo suggerisce che, nelle pagine che seguono, cercheremo di dare una risposta a queste due domande. Storicamente sarebbe scorretto affermare che l'ecumenismo ha inizio solo ed esclusivamente nel XX secolo. Il movimento ecumenico moderno deve sicuramente essere ricondotto a una serie di iniziative – di cui, in seguito, parleremo più dettagliatamente – messe in atto nei primi decenni del «secolo breve»; tuttavia, la questione dell'unità della chiesa era già stata, in diversi momenti, nel corso della storia della chiesa, al centro dell'attenzione.

1. UNITÀ DELLA CHIESA: UNA PANORAMICA DALL'ANTICHITÀ ALL'ETÀ MODERNA

Già il Nuovo Testamento testimonia il tentativo dell'apostolo Paolo di riconciliare le divisioni all'interno della comunità di fede (cfr. ad esempio I Cor. 1,10-16). Il problema rimane al centro dell'attenzione anche in altri testi della chiesa antica: in più di una lettera di Ignazio (m. 110 ca), vescovo di Antiochia, viene sottolineata l'importanza dell'unità e, in un caso, il vescovo afferma addirittura che non vi sia nulla di più importante di questo tema. In maniera indiretta, si può dire, il tema dell'unità della chiesa rimane centrale anche nella lotta al-

15

le molte eresie sorte tra il II e III secolo. L'importanza di chiarire quale sia l'insegnamento ortodosso della chiesa è direttamente collegata alla possibilità delle chiese di incontrarsi attorno a tale insegnamento, di trovare in esso una base comune e quindi unità. Volendo offrire solo una breve panoramica degli antefatti del movimento ecumenico moderno, siamo ora costretti a fare un salto in avanti di alcuni secoli, per presentare l'evento che creò maggiori turbolenze nella cristianità medievale.

Normalmente, la data conosciuta per lo scisma tra le chiese d'Oriente e quelle d'Occidente è il 1054. Questo punto di riferimento può essere mantenuto solamente se viene considerato come un momento nel quale un processo di graduale deterioramento dei rapporti tra Oriente e Occidente viene, nella sostanza, formalizzato. Come è noto, si riconduce la ragione della divisione tra Oriente e Occidente all'aggiunta, nella formula del Credo, dell'espressione *Filioque*. Nelle chiese occidentali, cioè, sarebbe invalso l'uso di far procedere lo Spirito santo non solo dal Padre, come recitava la formula originale approvata a Costantinopoli nel 381, ma anche dal Figlio (*Filioque*, appunto). Come però abbiamo detto, si trattò di un processo, il cui inizio può essere verosimilmente situato già nel VII-VIII secolo. Accanto all'aggiunta dell'espressione *Filioque*, anche altri fattori determinarono un costante allontanamento tra Oriente e Occidente: tra questi si possono citare il movimento iconoclasta (cioè della polemica sull'uso religioso delle immagini) e questioni politiche di vario genere, legate soprattutto alla graduale opera di cristianizzazione dei territori dell'impero. Insomma, i motivi dello scisma del 1054 sono molti e complessi da più punti di vista.

Due furono i tentativi, nel corso della storia, di ricostituire l'unità perduta: il Concilio di Lione (1274) e il Concilio di Firenze (1439). Nessuno dei due fu in grado di produrre risultati durevoli; anche se tanto a Lione quanto a Firenze venne accettata la formula occidentale del Credo – ovvero quella contenente l'espressione *Filioque* –,

16

la chiesa d'Oriente non fu disposta ad applicare questa decisione e la divisione, per questo e per altri motivi, non poté essere sanata.

Il tema dell'unità ritornò al centro dell'attenzione quando un'altra divisione prese forma nell'Europa occidentale: quella tra la chiesa cattolica romana e le chiese nate dalla Riforma del XVI secolo. In altri capitoli di questo libro presenteremo i punti principali di dissenso che portarono a questa divisione. Qui vogliamo rilevare che anche al tempo della Riforma vi furono tentativi di ricostituire l'unità che stava andando perduta. Essi non riguardarono soltanto la ricerca di unità tra il fronte cattolico romano e quello evangelico, ma si rivolsero anche a stabilire unità all'interno delle diversi correnti della Riforma. La storia del XVI e del XVII secolo illustra ampiamente il sostanziale fallimento di questi sforzi. Se già nel 1529 l'incontro avvenuto a Marburgo tra Zwingli e Lutero aveva segnato una netta battuta d'arresto nei rapporti tra la Riforma svizzera e quella tedesca, nel 1541, con i Colloqui di Ratisbona, il fossato tra il luteranesimo e il cattolicesimo romano divenne invalicabile, e l'accordo sulla dottrina della cena del Signore, noto come *Consensus Tigurinus* (1549), stipulato tra Giovanni Calvino e Heinrich Bullinger, successore di Zwingli a Zurigo, sebbene di fondamentale importanza per le chiese riformate, rappresentò un piccolo raggio di luce in un quadro segnato da divisioni sempre crescenti. La seconda metà del Cinquecento e il Seicento furono segnati da una crescente presa di distanza: le parti si irrigidirono sulle proprie posizioni e gli inviti al dialogo furono sostituiti dall'invio di reciproche scomuniche. Il confessionalismo divenne elemento centrale in tutte le chiese. Il cattolicesimo romano, in quanto confessione, nacque con il Concilio di Trento (prima vi era la chiesa occidentale indivisa); il protestantesimo (sia nella versione luterana, sia in quella riformata) si strutturò elaborando le proprie «ortodossie». In questo periodo si può ricordare la proposta del teologo luterano Georg Calixt (1586-1656), il quale, al fine di restaurare l'unità della cristianità divisa, propose di concentrare l'attenzione su quegli elementi della fede assolutamente necessari per la salvezza, che egli riteneva di poter individuare in un consenso sviluppato nel corso dei primi cinque secoli della storia della chiesa (*consensus quinquesaecularis*).

Tuttavia, bisognerà attendere la fine del XVII secolo e l'inizio del XVIII, con le proposte avanzate dal movimento pietista, per percepire nuovamente qualche fermento di dialogo. Un impulso a mettere in discussione le contrapposizioni ormai consolidate fu fornito dalla tragedia delle guerre di religione che insanguinarono l'Europa in nome di Dio. Una «verità» in nome della quale il continente è trasformato in un macello può essere la verità dell'evangelo?

I due nomi di riferimento sono Philipp Jacob Spener (1635-1705) e Nikolaus Ludwig von Zinzendorf (1700-1760). Spener, convinto che il confessionalismo porti con sé uno spirito di controversia, che può prendere il sopravvento sull'amore per la verità, suggerisce, in sostanza, una necessità di deconfessionalizzazione del protestantesimo. Zinzendorf, da parte sua, ispirandosi alle idee di Spener, sosteneva che un comune sentimento cristocentrico dei credenti avrebbe potuto unire la cristianità, al di là delle barriere confessionali.

Questa sensibilità si sviluppò, sempre in ambito evangelico, principalmente in due settori: da un lato nel quadro del lavoro missionario e, dall'altro, nel contesto dell'associazionismo giovanile. I missionari furono tra i primi a rendersi conto della necessità di un dialogo tra le diverse denominazioni protestanti per coordinare gli sforzi di evangelizzazione; la carenza di contatti portava infatti a una vera e propria concorrenza nella missione, cosa che, se ne rendevano conto i diretti interessati, non faceva che danneggiare l'annuncio. I movimenti cristiani giovanili, sviluppatisi soprattutto nella seconda metà dell'Ottocento, rappresentarono un terreno fertile per la riscoperta di idee che il confessionalismo dei secoli precedenti aveva dimenticato. L'YMCA (Young Men's Christian Association, Associazione cristiana dei giovani) fondata intorno al 1850, l'YWCA (Young Women's Christian Association, Associazione cristiana delle giovani) fondata nel 1858, e la WSCF (World Student Christian Federation, Movimento cristiano studenti) che risale al 1895, sono gli esempi più noti di associazioni giovanili nell'ambito delle quali il confessionalismo non doveva costituire una barriera per l'incontro dei cristiani. Pur non essendo riconducibile ai due ambiti appena citati, si deve ancora ricordare, per completezza, la costituzione nel 1846, a Londra, dell'Alleanza evangelica. Prodotto dello spirito del Risveglio, che riprese e sviluppò i temi del pietismo tedesco, l'Alleanza evangelica fu fondata da cristiani convinti che non già la controversia sui temi dottrinali, bensì la collaborazione e il confronto fraterno dovessero essere al centro dell'incontro tra credenti di differenti confessioni. L'Alleanza assunse un ruolo importante nelle iniziative che, nel corso del secolo successivo, permisero di far procedere il cammino ecumenico. Tra le altre, quella forse più significativa fu l'introduzione annuale di una settimana di preghiera nel mese di gennaio, nel corso della quale cristiani di diverse denominazioni potevano sperimentare una forma di unità spirituale. Questa iniziativa rappresentò, insieme a un impulso simile dato dall'abate cattolico Paul Couturier negli anni Trenta del secolo scorso, lo stimolo maggiore per l'istituzionalizzazione di quella che è oggi nota come *Settimana di preghiera per l'unità dei cristiani*. Proprio questi differenti impulsi crearono un terreno fertile per la nascita del movimento ecumenico moderno.

2. Il XX secolo

Parlare della storia del movimento ecumenico nel XX secolo significa presentare un percorso non sempre lineare. Le esigenze differenti espresse dalle diverse famiglie confessionali, le diversità di prospettive tra chiese dell'Est e dell'Ovest al tempo della guerra fredda e tra chiese del Nord e del Sud del mondo nel tempo della globalizzazione, hanno spesso portato a rallentamenti e a fasi di disorientamento. Per una maggior chiarezza espositiva, cercheremo di rendere conto di questa complessità seguendo gli sviluppi dell'impresa ecumenica nelle tre grandi famiglie confessionali: il protestantesimo, l'ortodossia e il cattolicesimo romano.

Si può far coincidere l'inizio del movimento ecumenico moderno con la Conferenza missionaria mondiale di Edimburgo nel 1910. Come abbiamo rilevato, l'ambito delle missioni fu uno dei primi nei quali, già alla metà dell'Ottocento, l'importanza di una testimonianza comune assunse un peso maggiore della controversia confessionale. A Edimburgo vennero formulati tre obiettivi fondamentali che, ancora oggi, in modi differenti, sono al centro della questione ecumenica. In primo luogo, si dichiarò la necessità dell'impegno per l'evangelizzazione dell'umanità, sottolineando che le divisioni interne alla cristianità e la concorrenza confessionale rappresentavano un grave ostacolo per il raggiungimento di questo scopo. In secondo luogo, si espresse la ferma intenzione di un impegno volto alla pace e alla giustizia sociale; in terzo luogo, infine, venne tematizzato il motivo specificamente ecclesiale, l'interesse alla ricerca dell'unità della chiesa, dal momento che la stessa confessione di fede presuppone che la chiesa di Gesù Cristo sia una. Questi obiettivi non rimasero semplicemente sulla carta, ma furono di stimolo per la creazione di tre distinti organismi, che impostarono il loro lavoro sulla base delle linee tracciate a Edimburgo. Nel 1921 fu fondato il Consiglio missionario mondiale, nel 1920 nacque il Movimento per un cristianesimo pratico (Life and Work) e nel 1910 il Movimento «Fede e Costituzione» (Faith and Order). Sebbene i tre gruppi di lavoro fossero espressione di una maggioranza evangelica, le chiese ortodosse ne fecero parte fin dall'inizio; la chiesa cattolica romana, al contrario, rifiutò di impegnarsi in questo ambito.

Sebbene molti e diversi fossero gli effetti del lavoro del Consiglio missionario mondiale, l'idea che si dimostrò più feconda sul lungo termine fu la creazione dei Consigli cristiani nazionali. Questi organismi, nati dalla necessità di collaborazione delle chiese nazionali sul tema della missione, si sono sviluppati come luogo di discussione e di elaborazione dei temi ecumenici nei diversi Stati. Ancora oggi, nella maggioranza dei paesi europei, esistono e sono noti come Consigli ecumenici nazionali. Il lavoro del Movimento per un cristianesimo pratico e del Movimento «Fede e Costituzione» si sviluppò in maniera tale da gettare le basi per quello che sarebbe divenuto il Consiglio ecumenico delle chiese. Figura di riferimento per Life and Work fu, fin dall'inizio, l'arcivescovo luterano di Uppsala Nathan Söderblom; convinto sostenitore dell'idea che «la dottrina divide, ma il servizio unisce», Söderblom si impegnò in una serie di iniziative volte a far progredire la riflessione del Movimento. Nel 1925 a Stoccolma si riunì la prima assemblea mondiale di Life and Work: i temi in discussione riguardavano l'ampio spettro di problemi di etica sociale, con i quali le chiese dovevano confrontarsi (come le chiese si ponessero di fronte a problemi di ordine economico, quali fossero gli atteggiamenti di fronte a questioni di tipo politico, morale, pedagogico). Sebbene le tematiche fossero affrontate anche con una solida base teologica, senza scadere in banale pragmatismo, alcuni espressero il dubbio che questo modo di porre i problemi potesse condurre a una politicizzazione della chiesa. Forse, anche sull'onda di queste critiche, la seconda assemblea mondiale di Life and Work, convocata a Oxford nel 1937, espresse la convinzione che la chiesa non potesse offrire al mondo alcun servizio migliore «del predicare nella fede la parola di Dio». Ciò non impediva alle chiese di prendere posizione su temi di carattere sociale: per la prima volta, proprio nell'assemblea di Oxford, le chiese pro-

21

posero un'analisi della situazione economica a livello mondiale e si espressero criticamente in merito a quelle situazioni, che rappresentavano un tradimento del messaggio cristiano.

Il Movimento «Fede e Costituzione» rivolse la propria attenzione allo studio delle differenze e delle comunanze esistenti nella fede e negli ordinamenti delle diverse confessioni cristiane. Anche in questo caso, se la collaborazione con la parte ortodossa fu possibile fin dall'inizio, il cattolicesimo romano si rifiutò di entrare in dialogo, ripetendo che l'unità di cui si andava alla ricerca era già realizzata nella chiesa cattolica romana. La prima assemblea mondiale di Faith and Order si svolse a Losanna nel 1927. La conferenza mise in luce le molte somiglianze esistenti in differenti aspetti della fede e della comprensione della chiesa tra le diverse componenti confessionali; l'entusiasmo che questo riconoscimento portò con sé, fu però prontamente mitigato dalla consapevolezza che, nonostante i molti elementi comuni riscoperti nel corso del dibattito, una soluzione ai problemi di ordine confessionale non era facile da trovare. Ciò nonostante, negli anni successivi a Losanna, alcuni tra i più importanti teologi dell'epoca proseguirono nel lavoro di dialogo e di collaborazione nell'ambito del movimento ecumenico. Questo portò, nel quadro della seconda conferenza di Faith and Order nel 1937 a Edimburgo, a una dichiarazione di consenso sulla dottrina della grazia. La speranza che un consenso sulla teologia della grazia potesse portare a una rapida soluzione anche in merito agli altri punti in discussione fu delusa; eppure, proprio i risultati delle prime due conferenze di Faith and Order permisero di procedere nel cammino ecumenico con grande slancio e, probabilmente, con un entusiasmo maggiore di quello dimostrato nei successivi settant'anni di dialogo.

Nonostante la diversità di impostazione e di interessi tra Life and Work e Faith and Order, e nonostante la dura presa di distanza della chiesa cattolica romana, che nel

1928 con l'enciclica *Mortalium animos* aveva condannato il movimento ecumenico, ritenendo già realizzata in se stessa l'unità della chiesa, le assemblee mondiali di Edimburgo e Oxford del 1937 raggiunsero un accordo per la creazione di un Consiglio ecumenico delle chiese (CEC). Questo nuovo organismo sarebbe dovuto essere uno strumento delle chiese, che potesse guidarle e coordinarle nell'ambito della discussione ecumenica, pur non avendo delle competenze di carattere giuridico negli ordinamenti delle singole chiese. Il Consiglio non sarebbe stato una "super-chiesa", piuttosto un centro di propulsione del dialogo che avrebbe dovuto ricordare alle chiese la loro responsabilità nel lavoro in prospettiva dell'unità. Già nel 1938 venne costituito un comitato permanente per la creazione del Consiglio ecumenico, con sede a Ginevra. Lo dirigeva il pastore olandese Willem Visser t'Hooft, notevole figura di cristiano e di teologo. Negli anni della guerra l'ufficio non cessò di funzionare e costituì uno strumento di comunicazione tra i paesi belligeranti: attraverso Visser't Hooft passarono, tra l'altro, le comunicazioni tra il gruppo di cospiratori antinazisti del quale faceva parte Dietrich Bonhoeffer e la Gran Bretagna. Nel 1948, ad Amsterdam, si poté procedere alla costituzione ufficiale del CEC, sempre sotto la guida di Visser't Hooft: 147 chiese ortodosse ed evangeliche figurano tra i membri fondatori. Il Consiglio ecumenico concentrò in sé l'impegno e le attività delle organizzazioni ecumeniche esistenti in precedenza, tanto che ancora oggi esistono nel CEC una commissione Faith and Order e una commissione Life and Work. Il Consiglio si riconobbe fondato su un'affermazione di base: «Il CEC è una comunione di chiese, le quali riconoscono il nostro Signore Gesù Cristo come Dio e Salvatore». Nel 1961, nel corso di un'assemblea generale, questa affermazione venne precisata in senso trinitario: «Il CEC è una comunione di chiese, le quali confessano il Signore Gesù Cristo come Dio e Salvatore secondo le Scritture e cercano perciò di rispondere alla chiamata comune alla gloria di

23

Dio, Padre, Figlio e Spirito Santo». Anche i compiti del Consiglio ecumenico vennero, nel corso degli anni, definiti in maniera più particolareggiata rispetto alla loro iniziale formulazione. Nel 1975, con l'assemblea di Nairobi, vennero formulate alcune priorità, tutt'ora valide: il CEC si ritiene responsabile, in primo luogo, di rivolgere alle chiese un appello per il raggiungimento dell'unità visibile, in una comunione di fede che trova espressione nella comune celebrazione del culto, dell'eucarestia e nella comune vita in Cristo. A ciò si aggiunge l'impegno a sostenere un comune servizio delle chiese a quanti si trovano in difficoltà, al fine di eliminare il più possibile le barriere che impediscono una convivenza caratterizzata da pace e giustizia tra i membri delle diverse famiglie umane. Questi importanti obiettivi dovevano essere sostenuti da un lavoro di contatto con le chiese nazionali e con gli altri organismi ecumenici, al fine di coordinare le differenti iniziative e di dare ad esse il massimo appoggio.

Come abbiamo detto, il CEC fu fondato da 147 chiese; dopo sessant'anni di vita le chiese sono divenute 349, in 110 paesi. Se all'inizio la maggioranza delle chiese-membro era costituita dalle entità ecclesiali dei paesi industrializzati, nel corso degli anni la situazione è profondamente cambiata: oggi, la maggior parte delle chiese-membro del CEC proviene dall'Africa, dall'Asia e dai paesi in via di sviluppo. Questo cambiamento si rispecchia anche nella struttura direttiva dell'organismo: l'attuale segretario generale, eletto a tale carica nel 2004, è il pastore metodista keniota Samuel Kobia. Il funzionamento del CEC può essere descritto per grandi linee in questo modo: le chiese-membro inviano i propri rappresentanti all'assemblea generale, la quale rappresenta il supremo organo legislativo del Consiglio e si riunisce in media ogni otto anni. L'assemblea elegge non solo il segretario generale, che rappresenta ufficialmente il CEC, ma anche un comitato centrale, composto da circa 150 persone e responsabile della attuazione delle decisioni delle assemblee. Il comitato centrale nomina a sua volta un comitato esecutivo, che ha la responsabilità di specifici progetti affidatigli dal comitato centrale. Il lavoro è coadiuvato da uno staff amministrativo che ha sede a Ginevra; nelle vicinanze della città svizzera si trova anche l'Istituto ecumenico di Bossey, vera e propria scuola per la formazione ecumenica che dipende direttamente dal Consiglio ecumenico.

Dal momento che le attività del CEC vengono definite principalmente nel quadro delle assemblee generali, può essere interessante ripercorrere brevemente la loro storia. Non potendo entrare nel dettaglio, ci limiteremo a fornire alcune informazioni sui principali temi dibattuti nel corso delle nove assemblee. Se l'assemblea costitutiva di Amsterdam nel 1948 rivolse la propria attenzione a definire lo *status* del CEC, senza tuttavia dimenticare la particolare situazione mondiale (fine della guerra, formazione dei blocchi Est-Ovest), con l'assemblea di Evanston, nel 1954, l'attenzione per i temi specificamente teologici fu nuovamente maggiore. Attraverso una più intensa «concentrazione sul dato cristologico», le chiese-membro ritenevano di poter rendere ancora più evidente la speranza della cristianità per il futuro del mondo e di poter affermare, grazie a questo dato comune, una possibilità di azione congiunta che andasse al di là delle pur esistenti differenze. La terza assemblea generale ebbe luogo a New Dehli nel 1961; a partire da questa data, anche le chiese ortodosse dei paesi appartenenti al blocco sovietico divennero membri del Consiglio. L'ospitalità in un paese di tradizione non cristiana diede l'impulso al CEC per cominciare a occuparsi di dialogo con le altre religioni. La successiva assemblea, tenutasi a Uppsala nel 1968, vide uno spostamento di accenti: le questioni prettamente teologiche furono lasciate in disparte a favore di un maggior interesse per il servizio nel mondo. Nel 1975 si tenne a Nairobi la quinta assemblea generale: le tematiche legate ai modelli di unità e alle loro possibili attuazioni trovarono posto accanto a discussioni relative allo sviluppo delle teologie contestuali e al contributo di esse nel quadro del dibattito ecumenico. Negli anni successivi a Nairobi il CEC e le sue commissioni di lavoro portarono avanti numerosi e diversificati piani di dialogo; uno dei risultati più interessanti di questo periodo è il documento approvato a Lima nel 1982, nel corso dell'assemblea di Faith and Order, relativo alle tematiche del battesimo, dell'eucaristia e del ministero (e, per questa ragione, noto come BEM). L'approvazione di questo documento, che esprimeva una comune comprensione di aspetti centrali della dottrina cristiana, fece ben sperare per il proseguimento del cammino ecumenico; in realtà, la sesta assemblea generale del CEC, riunita a Vancouver nel 1983, si interessò poco dei dialoghi teologici prediligendo la discussione di temi di carattere politico e sociale (la questione nucleare, il problema ecologico, l'ingiustizia razziale). Questo portò all'avvio del cosiddetto «processo conciliare» *Giustizia Pace Salvaguardia del Creato*. L'assemblea di Canberra del 1991 continuò ad essere dominata dalle tematiche di carattere socio-politico, pur avendo come tema principale la riflessione sullo Spirito santo. Sul piano propriamente ecclesiologico, fu centrale la discussione sul concetto di *koinonia*, come possibilità di intendere l'unità come comunione, respingendo i modelli di unità centralistici. L'assemblea di Harare nel 1998 fu caratterizzata da forti tensioni interne al CEC con la componente ortodossa: la temuta rottura con le chiese ortodosse non si verificò, ma l'assemblea fu in gran parte dedicata a discutere dei meccanismi di funzionamento del CEC e del modo in cui questi potessero essere adeguati alle nuove esigenze. Nel 2006 a Puerto Alegre si è svolta la nona assemblea generale; l'attenzione è stata concentrata sul tema della globalizzazione, protagonista di numerosi documenti anche di altri organismi ecumenici negli ultimi anni.

Questa rapida rassegna permette, per lo meno, di rendersi conto della varietà di questioni discusse nel quadro delle assemblee generali del CEC. Il Consiglio ecumenico delle chiese, però, non è l'unico organismo a occuparsi di questioni ecumeniche e la nostra presentazione sarebbe assolutamente insoddisfacente se non dedicassimo ancora alcune righe ad altre iniziative ecumeniche.

Il 1959 vide la nascita di una struttura ecumenica europea costituita da chiese ortodosse, protestanti, anglicane e vecchio-cattoliche: la Conferenza delle chiese europee (KEK) conta oggi 126 chiese-membro e 43 organizzazioni ecumeniche associate. Obiettivo della Conferenza delle chiese europee è la promozione del dialogo tra le chiese cristiane del continente europeo, rivolgendo particolare attenzione al contesto sociale e legislativo nel quale esse si trovano a operare. La KEK organizza il proprio lavoro attraverso due commissioni: la commissione «Chiese in dialogo» (Churches in Dialogue) e la commissione «Chiesa e società» (Church and Society). La Conferenza delle chiese europee è stata la promotrice, insieme al Consiglio delle conferenze episcopali europee (CCEE), delle tre assemblee ecumeniche europee tenutesi a Basilea (1989), Graz (1997) e a Sibiu (2007). Se l'assemblea di Basilea era stata fortemente segnata dallo spirito del processo conciliare avviato negli anni Ottanta dal CEC e da altri organismi ecumenici (tema: «Pace, Giustizia e Salvaguardia del creato»), Graz rappresentò l'occasione per impegnarsi nella stesura di una documento per la crescita e il miglioramento della collaborazione tra le chiese in Europa. La *Charta Oecumenica*, firmata ufficialmente il giorno di Pasqua 2001 da rappresentanti ufficiali della KEK e della chiesa cattolica, dovrebbe favorire lo scambio tra le differenti confessioni, essere alla base di comuni celebrazioni della Parola e di ulteriori esperienze di dialogo.

Rivolgendo ora l'attenzione all'ecumenismo intraprotestante, bisogna segnalare l'accordo stipulato nel 1973 tra chiese luterane e riformate, noto come *Concordia di Leuenberg*. Le chiese che si riuniscono attorno alla Concordia di Leuenberg formano la Comunità delle chiese protestanti in Europa (CPCE), sono 105 e comprendono chiese luterane e riformate, chiese derivanti da movimenti precedenti alla Riforma, come la chiesa valdese in Italia, e sette chiese metodiste europee. Con l'accordo di Leuenberg è terminata un'epoca in cui la controversia tra luterani e riformati aveva avuto punte di violenza paragonabili a quelle della controversia cattolica-protestante.

Ancora da citare sono la Dichiarazione di Meissen (1988), che ha aperto (sebbene non ancora realizzato) la possibilità di comunione ecclesiale tra la chiesa evangelica in Germania da un lato e anglicani dall'altro; e, ancora, l'Accordo di Porvoo (1992), che permette alle chiese anglicane dell'Irlanda e della Gran Bretagna e alle chiese luterane dei paesi scandinavi e del Mar Baltico di vivere in una sostanziale comunione ecclesiale. Sebbene la visione che queste chiese hanno dell'episcopato sia differente – gli anglicani attribuiscono valore al cosiddetto episcopato storico, cioè alla successione ininterrotta dei vescovi, i luterani, al contrario, no – il consenso raggiunto anche in merito a tale questione è stato ritenuto tale da non impedire la comunione.

Infine, si deve ancora citare la *Dichiarazione congiunta sulla giustificazione*, documento sottoscritto ad Augusta il 31 ottobre 1999 da rappresentanti della chiesa cattolica romana e della Federazione luterana mondiale. Il documento rappresenta il punto d'arrivo di un lungo percorso di dialogo tra la componente luterana e quella cattolica; anche se sarebbe opportuno discutere nel dettaglio la base di questo accordo che, ovviamente, non implica alcuna forma di comunione ecclesiale, il suo valore simbolico rimane indiscusso.

3. IL CAMMINO ECUMENICO IN AMBITO ORTODOSSO E CATTOLICO ROMANO

Fin qui abbiamo cercato di mettere in luce gli impulsi che, soprattutto da parte protestante, sono stati offerti allo sviluppo del movimento ecumenico nel XX secolo. In più di un caso abbiamo rilevato che il lavoro è stato condotto congiuntamente con le chiese ortodosse o ha coinvolto interlocutori cattolici. Ma quali sono stati gli atteggiamenti propri dell'ortodossia e del cattolicesimo romano in quanto tali?

Le chiese ortodosse sono state (e rimangono) spesso organizzate su base territoriale, per lo più in paesi nei quali costituiscono la maggioranza e dove, dunque, la necessità del confronto con altre confessioni non era sempre avvertita con particolare urgenza; questo ha portato in molti casi a ritenere che la chiesa ortodossa incarnasse la vera chiesa, l'unica rimasta fedele ai dettami del cristianesimo antico. La situazione è gradualmente cambiata e, come abbiamo avuto già modo di rilevare, rappresentanze ortodosse sono state presenti fin dall'inizio nei movimenti e nelle istituzioni ecumeniche. Anche i patriarcati presero delle iniziative mirate allo sviluppo del confronto con le altre chiese. Un esempio è l'enciclica del 1920 del patriarcato di Costantinopoli dal titolo *Alle chiese di Cristo nel mondo*. Questo testo proponeva una serie di iniziative, talora molto pratiche, per favorire la collaborazione tra cristiani di differenti confessioni; si suggeriva l'adozione di un calendario comune, la creazione di relazioni tra facoltà teologiche e lo scambio di studenti, la possibilità di studi comuni sui motivi di divisione tra le chiese. Come abbiamo già detto, proprio le chiese ortodosse hanno espresso in più occasioni critiche nei confronti degli organismi ecumenici e hanno fatto udire la loro voce mediante precisazioni, che rappresentavano una sorta di aggiunta ai documenti votati in sede assembleare. Questo atteggiamento, legato al fatto che

spesso, anche in sede ecumenica, le componenti ortodosse riportano tensioni derivanti da controversie di ordine
politico, non ha contribuito a semplificare il confronto
con l'ortodossia. Ciò non ha impedito numerosi dialoghi
bilaterali con le chiese veterocattoliche e anglicane, ma
anche con riformati e luterani. La riserva ortodossa, in
particolare nei confronti delle chiese della Riforma, rimane tuttavia quella già espressa nella critica al documento di Lima, cioè l'impossibilità di raggiungere un accordo sulla base ecclesiologica del battesimo, dell'eucaristia e del ministero. Detto altrimenti, l'impossibilità di
accordarsi sull'ecclesiologia impedisce la comunione ecclesiale.

Per quanto concerne il dialogo con il cattolicesimo, i
primi grandi passi si svolsero a metà degli anni Sessanta: nel 1964 il patriarca di Costantinopoli, Atenagora, e
Paolo VI si incontrarono a Gerusalemme esprimendo la
volontà di riparare la lacerazione del 1054. L'anno successivo, nel corso di una cerimonia pubblica svoltasi contemporaneamente a Roma e a Istanbul, le reciproche scomuniche del 1054 furono ritirate. Tuttavia, solo nel 1980
venne costituita la Commissione internazionale unita per
il dialogo teologico tra le due chiese. Il lavoro di questo
gruppo produsse nel corso degli anni Ottanta alcuni documenti e dichiarazioni, concentrandosi, soprattutto verso la fine del decennio, su problematiche di carattere ministeriale ed ecclesiologico. Con la fine dei regimi socia-
listi riprese vigore, però, il contrasto intorno alle chiese
orientali di obbedienza romana, a volte chiamate «unia-
te» e da sempre considerate dall'ortodossia come una
sorta di «quinta colonna» papale in suolo ortodosso. Queste chiese avevano visto riconosciuto nel corso del XVI
secolo un diritto particolare: erano considerate cattoliche
– in quanto riconoscevano il papa – pur mantenendo nella prassi il rito orientale. Con l'avvento dei regimi comunisti, tali chiese erano state perseguitate e in parte assi-
milate a forza alla chiesa ortodossa; dopo il 1989 esse ri-
presero forza e autonomia. L'ortodossia ha interpretato

questa ricostituzione come un atto di ingerenza cattolica nei territori tradizionalmente ortodossi. A tuttora la questione dell'uniatismo e, in generale, i timori ortodossi di forme più o meno velate di proselitismo cattolico nelle proprie zone di influenza, costituiscono una pietra d'inciampo che impedisce il proseguimento del dialogo. Per altro verso, si assiste oggi a una convergenza tra Roma e l'ortodossia, in particolare russa, sui temi dell'opposizione alla secolarizzazione. Tale convergenza sembra tendere a una sorta di alleanza, assai critica nei confronti della cultura occidentale nata dall'illuminismo. Un genere di consenso ecumenico, questo, che non può non suscitare preoccupazione in chi vorrebbe un'Europa democratica, laica, pluralista e possibilmente tollerante.

Parlare dell'impegno ecumenico dalla prospettiva del cattolicesimo romano significa innanzitutto rilevare una presa di distanza. Il cattolicesimo romano, per lungo tempo, non ha voluto prendere in considerazione l'impegno ecumenico; la ragione è molto semplice e abbiamo già avuto modo di citarla: Roma ha ritenuto di costituire essa stessa l'unità di cui l'ecumenismo è alla ricerca. Le grandi conferenze ecumeniche degli anni Venti e Trenta registrarono l'assenza di rappresentanti della chiesa romana. Con la pubblicazione, nel 1928, dell'enciclica *Mortalium animos* di papa Pio XI, le possibilità di contatti tra il cattolicesimo e le altre chiese parvero definitivamente sfumate. Nell'enciclica si sosteneva che l'unico modo per promuovere l'unità dei cristiani era di «favorire il ritorno all'unica vera chiesa di Cristo per coloro che si sono separati da essa». È scontato dire che «l'unica vera chiesa» fosse quella romana la quale, secondo il papa, proprio per questo suo specifico carattere, non poteva essere trattata come una tra le altre. Le reazioni a questo pesante attacco non si fecero attendere: da parte protestante, Söderblom, animatore di Life and Work, rifiutò l'immagine data dal papa dell'ecumenismo, ma anche da parte cattolica si levarono delle voci di protesta. Alcuni teologi, tra i quali Yves Congar, mostrarono di avere idee molto differenti sull'ecumenismo rispetto al punto di vista papale e favorirono la pubblicazione di diverse riviste che sostenevano queste idee progressiste. In Germania nel 1938 nacque il movimento «Una Sancta», promosso da Max Joseph Metzger, con l'obiettivo di favorire la riconciliazione tra cattolici e luterani. Tutto ciò non migliorò di molto l'opinione del papa sulla questione ecumenica. Nell'enciclica *Mystici Corporis*, pubblicata da Pio XII nel 1943, il pontefice aprì una porta al dialogo con i singoli fedeli appartenenti ad altre confessioni. Il papa, cioè, garantì ai fedeli di altre chiese che, qualora avessero voluto tornare a Roma, sarebbero stati accolti non come stranieri, ma come figli che ritornano a casa dopo lungo tempo; le altre strutture ecclesiastiche, al contrario, continuavano ad essere valutate negativamente e con esse il movimento ecumenico. Uno spiraglio sembrò aprirsi nel 1949 quando un documento del Sant'Uffizio attribuì i tentativi di ricostituire l'unità «al soffio di grazia dello Spirito santo». Il 1950, con il dogma dell'assunzione corporea di Maria in cielo e l'enciclica *Humani generis* rese evidente che, in realtà, non vi era disponibilità al dialogo. Si dovette attendere circa un decennio per ravvisare un cambiamento: il Concilio Vaticano II (1962-1965) si aprì, negli auspici di Giovanni XXIII, con l'intenzione di promuovere l'aggiornamento della chiesa e di sostenere il cammino di unità dei cristiani. Nel 1960, proprio allo scopo di coordinare il lavoro ecumenico, fu creato il Segretariato per l'unità dei cristiani. Il concilio promulgò due importanti documenti relativi alle questioni ecumeniche: il decreto *Unitatis Redintegratio* e la costituzione *Lumen Gentium*, entrambi del 1964. Nel primo si affermava, fondamentalmente, l'importanza del lavoro ecumenico volto alla ricostituzione dell'unità cristiana: il cattolicesimo romano riconosceva, in sostanza, che la ricerca dell'unità non è qualcosa di opzionale, bensì un vero e proprio dovere cristiano. L'importanza della *Lumen Gentium*, invece, è da ricercare nel tentativo di riformulare la visione della chiesa ereditata dalla lunga stagione che va dalla Controriforma ai dogmi papali del 1870 e oltre. Torneremo su questo punto in seguito (cfr. cap. 6): per ora è sufficiente sottolineare che la *Lumen Gentium* permetteva, da una prospettiva cattolica, di riconoscere, anche nelle altre chiese, elementi dell'unica vera chiesa di Gesù Cristo. Questa apertura è comunque bilanciata da un linguaggio estremamente prudente: le chiese protestanti vengono sempre indicate come «comunità ecclesiali», implicitamente negando, quindi, che in esse siano presenti elementi della vera chiesa. In ogni caso, il lungo pontificato di Giovanni Paolo II e i primi anni di quello di Benedetto XVI sembrano indicare la volontà, da parte delle gerarchie romane, di portare avanti una lettura restrittiva del Vaticano II. Vanno in tale direzione, tra gli altri, testi come la dichiarazione *Dominus Jesus*, promulgata da Giovanni Paolo II nel 2000, e redatta dalla Congregazione per la Dottrina della Fede, della quale era allora prefetto il card. Joseph Ratzinger. In questo documento si afferma, tra l'altro, che: «le comunità ecclesiali che non hanno conservato l'Episcopato valido e la genuina e integra sostanza del mistero eucaristico, non sono Chiese in senso proprio». Analogamente si esprime il documento, sempre prodotto dalla Congregazione per la Dottrina della Fede, dal titolo *Risposte a quesiti riguardanti alcuni aspetti circa la dottrina sulla chiesa*, del giugno 2007.

Ciò detto, non si può negare che gli anni successivi al Concilio portarono realmente un cambiamento nei rapporti tra il cattolicesimo romano e il movimento ecumenico. Già nel 1961 l'assemblea del CEC a New Delhi vide la partecipazione di osservatori cattolici; a partire da questa data, i contatti tra il Consiglio ecumenico delle chiese e il Pontificio Consiglio per l'unità dei cristiani divennero costanti: nel 1965 si istituì un Gruppo di lavoro unito che ha organizzato numerosi incontri e consultazioni, rivolgendo la propria attenzione in maniera particolare a quattro aree (lo studio dello scopo e delle possibili modalità di unità della chiesa, l'ambito della formazione ecumenica, l'opera di comune testimonianza e la riflessione sul pensiero sociale e sull'azione comune). La chiesa cattolica si è inoltre impegnata in un grande numero di dialoghi bilaterali; come abbiamo già visto, citando gli esempi più importanti di dialogo sia con il protestantesimo sia con l'ortodossia, essi sembrano aver condotto a risultati di un certo rilievo.

Non va dimenticato, infine, che l'ecumenismo post-conciliare è stato vissuto in termini assai consistenti anche alla base. Le persone, i singoli credenti, e non solo le dirigenze ecclesiastiche, hanno avuto modo di incontrarsi e di imparare a conoscersi. Sarebbe impresa troppo complessa ripercorrere questo movimento per il continente europeo. Ci limiteremo, quindi, a citare l'esperienza italiana del SAE. Il Segretariato attività ecumeniche nasce già nel 1947 a Venezia su iniziativa di Maria Vingiani. Grazie all'impegno e alle fatiche di questa laica cattolica, il Segretariato diviene, negli anni del Vaticano II, un movimento nazionale e interconfessionale. La peculiarità del SAE è la sua composizione: ne sono membri effettivi solamente laici delle diverse confessioni cristiani ed ebrei; sacerdoti, pastori e religiosi in genere possono partecipare all'associazione solo in quanto "amici". Il Segretariato organizza, oltre alle attività delle singole sezioni presenti sul territorio nazionale, una sessione annuale di formazione ecumenica. A partire dal 1964, quando questo incontro ebbe inizio, si sono affrontati gli argomenti più disparati, suddivisi in otto cicli tematici. Il SAE rappresenta per molti credenti uno spazio di autentica fraternità, nel quale la diversità confessionale non viene dimenticata, ma non diviene motivo di scontro. Sebbene anche questo organismo abbia risentito della stanchezza che l'ecumenismo ha vissuto negli ultimi dieci anni, non si dà per vinto e prosegue nella sua opera di ricerca, di studio della Parola e di incontro fraterno. Per questo motivo, ci piace terminare la nostra breve storia del movimento ecumenico con questa presentazione del SAE, come a dire che la storia dell'ecumenismo può ancora proseguire.

3

CHE COSA SI INTENDE PER UNITÀ
DELLA CHIESA?

Abbiamo già avuto modo di ripeterlo più volte: il cammino ecumenico si pone come obiettivo quello di rendere visibile l'unità della chiesa di Cristo, confessata nel Credo. Perché ciò accada, è necessario che le diverse chiese riconoscano l'una nell'altra la chiesa di Gesù Cristo, una, santa, cattolica e apostolica. Su questo sussiste un consenso generale. Ma quali forme concrete dovrebbe assumere tale unità?

Le chiese, e poi il movimento ecumenico, hanno sviluppato diversi modelli. Coscienti di semplificare, presentiamo quelli che ci paiono i principali.

1. UNITÀ COME RITORNO

Come abbiamo visto nel capitolo precedente, si tratta dell'idea romana di unità, esplicitamente sostenuta nei documenti papali degli anni Venti e Quaranta. Essendo quella di Roma l'unica vera chiesa, ed essendo le altre frutto di una separazione dalla pienezza effettivamente cattolica, solo il riconoscimento di tale evidenza può ricostituire l'unità. Tale idea veniva talvolta rappresentata dal colonnato berniniano che delimita piazza S. Pietro a Roma; la chiesa cattolica sarebbe disposta ad accogliere nuovamente i fratelli separati, "abbracciandoli" nel piazzale antistante la basilica.

Si sostiene comunemente, da parte cattolica romana, che questo tipo di approccio al problema sia stato superato con il Vaticano II. Gli elementi che, a nostro giudizio, consentono a chi legge di formarsi un'opinione in materia verranno forniti nel capitolo 6.

Per il momento ci limitiamo a constatare che il giudizio di chi abbia rotto la comunione, nei grandi scismi del 1054 (tra Occidente e Oriente) e del XVI secolo (in Occidente, tra la Riforma e Roma), non è di carattere empirico, bensì teologico. Una delle conseguenze è che l'idea del ritorno, nella sua sostanza, è sostenuta anche dall'ortodossia. In un documento della chiesa ortodossa russa pubblicato nel 2000, si legge che quella ortodossa sarebbe «la vera chiesa», nella quale sono preservate la tradizione e dunque la pienezza salvifica della grazia di Dio. In questa prospettiva, l'unità può essere intesa come «un cammino di penitenza, di conversione e di rinnovamento», ovviamente in direzione della stessa chiesa ortodossa.

L'«ecumenismo del ritorno» presuppone un'idea «organica» di unità, tale cioè da richiedere la costituzione di un unico corpo organizzativo, dotato di una struttura unitaria, anche se, in alcune versioni (ad esempio quella che lega il cristianesimo cattolico di rito latino a quello di rito orientale), articolata. Esistono però altre concezioni dell'unità organica.

2. ALTRI MODELLI DI UNITÀ ORGANICA

In questi casi, l'unità si concretizza in una saldatura delle differenti tradizioni ecclesiali esistenti fino a quel momento. Questo tipo di unità organica ha origine nel mondo anglicano, ma è stata praticata ampiamente anche nell'ambito di altre denominazioni nate dalla Riforma. La chiesa che viene a crearsi dall'unione dei precedenti gruppi confessionali si presenta con un volto nuovo, dal momento che le precedenti particolarità confessionali vengono rielaborate in una forma condivisa di confessione di fede, in una comune comprensione sacramentale e in un'unica struttura organizzativa. La critica normalmente mossa a questo tipo di unioni è che la necessità di realizzare un'unica struttura ecclesiale prende il sopravvento sulla discussione relativa alla comune comprensione delle questioni sacramentali e ministeriali. In sostanza, le questioni organizzative porterebbero a risolvere con un po' troppa facilità i problemi teologici. Un fatto è certo: l'unione organica ha rappresentato, soprattutto nel corso del XX secolo, un punto di arrivo per l'avvicinamento di molte chiese in diverse zone del mondo. Già nella seconda metà del XIX secolo forme di unione organica si erano realizzate in alcune chiese regionali tedesche, laddove luterani e riformati, pur mantenendo la propria tradizione confessionale, si sono unificati, a volte su pressione delle autorità politiche. Negli ultimi ottant'anni si contano numerosi esempi: già nel 1925 in Canada, le chiese presbiteriane, riformate, congregazionaliste e metodiste diedero vita alla chiesa unita del Canada; nel 1947, nella zona meridionale dell'India, la fusione di anglicani, metodisti e presbiteriani diede luogo alla nascita della chiesa dell'India del Sud; nel 1972, l'unione di presbiteriani e congregazionalisti in Gran Bretagna diede vita alla chiesa riformata unita; e ancora, in tempi molto recenti, nel maggio del 2004, l'unione di due chiese di tradizione riformata e della chiesa luterana ha dato luogo, in Olanda, alla chiesa protestante olandese. Il nostro elenco potrebbe continuare, ma preferiamo fermarci, ricordando solamente un ultimo esempio di unione organica, che può essere noto al lettore italiano: la chiesa evangelica valdese-Unione delle chiese valdesi e metodiste è, in concreto, un'entità ecclesiastica costituita secondo questo modello di unità. Mediante il patto di integrazione globale del 1975 i metodisti italiani e i valdesi, di tradizione riformata, hanno potuto dare vita a una nuova chiesa, con tratti di continuità rispetto al passato, ma anche con strutture organizzative modificate e in comune.

3. UNITÀ FEDERATIVA

Probabilmente, non è del tutto corretto definire una federazione di chiese un modello di unità. In questi casi infatti le differenti chiese mantengono la loro struttura, i loro organi di governo e anche le loro specificità confessionali. La collaborazione è stabilita sulla base di un patto federativo o anche di uno specifico programma di lavoro comune, al quale le chiese possono aderire anche se tra loro non esiste la completa comunione ecclesiale. Le differenti componenti, cioè, possono reciprocamente tollerarsi, pur sussistendo tra loro differenze notevoli; tali diversità, tuttavia, non sono tali da impedire una collaborazione, perché la comune visione su alcuni punti centrali supera le differenze di prospettive in altri ambiti. Pur non essendo la soluzione a tutti i problemi del cammino ecumenico, le federazioni di chiese si sono dimostrate uno degli strumenti più utili e più praticati per l'avvicinamento e la collaborazione tra gruppi ecclesiastici talvolta molto differenti. Anche in Italia è presente una Federazione delle chiese evangeliche che riunisce componenti tra loro molto differenti; fondata nel 1967 su impulso del secondo congresso evangelico italiano, svoltosi a Roma nel 1965, la Federazione ha riunito fin dall'inizio battisti, luterani, metodisti e valdesi. Nel corso degli anni si sono aggiunti l'Esercito della Salvezza, la Comunione di chiese libere, la chiesa apostolica d'Italia e varie altre singole comunità presenti sul territorio italiano. Inoltre, partecipano alle attività della Federazione come osservatori l'Unione italiana delle chiese cristiane avventiste del settimo giorno e la Federazione delle chiese pentecostali. Il fatto che tra la maggior parte di queste chiese non esista una comunione ecclesiale completa non impedisce una collaborazione ricca e feconda su temi di comune interesse, quali, ad esempio, le questioni relative alla libertà religiosa, l'istruzione catechetica nelle chiese e l'ambito dei migranti e dei richiedenti asilo politico.

4. UNITÀ COME *KOINŌNÍA*

Questo modello ricevette particolare attenzione all'inizio degli anni Novanta, in un tempo in cui l'idea di una possibile unità istituzionale sembrava completamente tramontata. Il concetto di *koinōnía* era comune a tutte le confessioni, sebbene i contenuti ad esso inerenti fossero intesi diversamente; tuttavia, l'idea di poter ricercare l'unità come comunione tra le chiese appariva come un fine realistico. Nei documenti conclusivi dell'assemblea generale del CEC a Canberra, nel 1991, si esprimevano questi auspici: «L'unità della chiesa, alla quale noi siamo chiamati, è una *koinōnía*, che è data e si esprime nella comune confessione della fede apostolica, in una comune vita sacramentale, nella quale entriamo attraverso l'unico battesimo, in una vita comune, nella quale membri e ministri sono riconosciuti e riconciliati reciprocamente, e in una missione comune, nella quale a tutta l'umanità viene testimoniato il vangelo della grazia di Dio e ci si pone a servizio di tutta la creazione». L'idea di *koinōnía* venne sviluppata in analogia alla dottrina trinitaria: l'unità della chiesa intesa come *koinōnía* delle chiese era compresa come «icona» (così, ad esempio, il teologo cattolico italiano B. Forte) della *koinōnía* d'amore del Dio trinitario.

5. UNITÀ NELLA DIVERSITÀ O MODELLO DELLE DIVERSITÀ RICONCILIATE

È il modello che, nel quadro delle chiese protestanti, viene sostenuto con maggior entusiasmo, perché, dal punto di vista di queste chiese, è carico di potenzialità. L'esegeta Oscar Cullmann riteneva di poter individuare un modello simile già nelle chiese neotestamentarie: comunità tra loro molto diverse, alcune composte da ebrei di lingua aramaica, altre da ebrei di lingua greca («ellenisti»), altre ancora quasi esclusivamente da convertiti dal paganesimo, alcune dal tratto chiaramente carismatico, altre con una struttura di tipo più gerarchico sono in grado di «darsi la mano in segno di comunione» (Gal. 2,9) e, quindi, di riconoscersi reciprocamente come la chiesa di Gesù Cristo. Già da questa breve presentazione si comprende che questo modello intende esprimere, a differenza di quello federativo, una comunione completa e che l'assenza di strutture comuni a livello organizzativo, come quelle dell'unione organica, non viene compresa come una carenza, un "di meno", bensì una valorizzazione delle specificità delle chiese. Per comprendere meglio la struttura di tale modello possiamo rifarci all'esempio più famoso: la Comunità delle chiese protestanti in Europa. Come abbiamo illustrato nel capitolo precedente, le chiese che aderiscono a questo organismo sono tra loro unite dalla *Concordia di Leuenberg* (1973). Il progetto ecumenico della Concordia si ispira all'articolo VII della Confessione di Augusta (luterana: al quale corrisponde il XVII della Seconda Confessione Elvetica, riformata), secondo il quale la chiesa di Cristo accade là dove l'evangelo è rettamente predicato e i sacramenti (si intende: battesimo e cena del Signore) sono correttamente amministrati. Poiché tra le chiese luterane, riformate, unite e metodiste d'Europa tale consenso sussiste, esse, mantenendo la loro identità ecclesiale, si riconoscono in piena comunione. Ognuna, dunque, riconosce nell'altra la chiesa di Gesù Cristo.

Tale modello può essere definito delle *diversità ricon-ciliate,* e precisamente in un doppio senso; in primo luo-go, il lungo processo di consultazione che ha portato al-la stesura del documento ha consentito a luterani e rifor-mati di considerare superate le condanne dottrinali del passato. Comunque si valuti la loro pertinenza nel mo-mento nel quale furono pronunciate, esse, si afferma, non riguardano la dottrina della chiesa partner, così come es-sa è *oggi* formulata. Rimangono naturalmente differen-ze teologiche, anche rilevanti: esse, però, non rivestono un significato tale da dividere la chiesa. In secondo luo-go e di conseguenza, tale consenso permette di testimo-niare insieme la fede della chiesa. Come in un coro le vo-ci delle chiese di Leuenberg mantengono la loro specifi-cità o diversità, senza per questo cantare melodie diffe-renti. Rimane la domanda: sulla base di che cosa la co-munione di Leuenberg può affermare una comune com-prensione dell'evangelo e, quindi, la comunione eccle-siale?

Le critiche cattoliche romane a questo modello di uni-tà sono sostanzialmente due.

1. Ci si chiede in che misura le diversità possano de-finirsi effettivamente *riconciliate.* Le formulazioni adot-tate nella *Concordia* per ridefinire i punti controversi rap-presenterebbero, dal punto di vista dell'osservatore cat-tolico, un compromesso che non elimina completamen-te le diversità e che, quindi, non è in grado di riconciliar-le. Detto altrimenti: Leuenberg avrebbe la tendenza a sa-crificare le differenze sull'altare di un consenso minima-le, piuttosto che farsene effettivamente carico.

2. Il limite che Roma considera decisivo è però un al-tro: l'accordo sulla predicazione dell'evangelo e sull'am-ministrazione dei sacramenti non è sufficiente perché si dia una vera unità della chiesa. Quest'ultima esige un consenso sulla struttura ministeriale della chiesa stessa (cfr. il cap. 5). Per la chiesa cattolica romana, quindi, il

modello delle diversità riconciliate costituirebbe, tutt'al più, un punto di passaggio nel cammino verso un'unità di tipo organico.

Anche per quanto riguarda la parte ortodossa, vi sono difficoltà nella ricezione di questo modello: l'ortodossia sembra non poter recepire un'idea di unità che includa reali differenze teologiche. Dal punto di vista ortodosso, l'unità è realizzabile solo nella misura in cui si raggiunge una completa identità dottrinale, compreso il linguaggio utilizzato. Questa difficoltà, unita alla profonda differenza tra i modelli concettuali occidentali e quelli orientali, rende spesso particolarmente delicato il dialogo con l'ortodossia.

La Concordia di Leuenberg, tuttavia, non è l'unico esempio di unità realizzata secondo il modello delle diversità riconciliate. Vi sono altri documenti che sfruttano le potenzialità di questa idea, con risultati diversi. La dichiarazione di Meissen (1988), sottoscritta tra le chiese riunite nella chiesa evangelica in Germania (EKD) e la chiesa d'Inghilterra, presenta un accordo a un grado limitato. Ciò significa che le entità ecclesiali, che hanno sottoscritto la dichiarazione, hanno potuto raggiungere un consenso sul tema della cena del Signore, non però sulla questione del ministero; data l'importanza riconosciuta in ambito anglicano a una determinata comprensione del ministero episcopale (rinviamo, per ulteriori dettagli, al cap. 5), una «completa» comunione ecclesiale non ha potuto essere dichiarata. Nel 1992 le chiese anglicane di Gran Bretagna e Irlanda, insieme a quelle luterane di Svezia, Norvegia, Finlandia, Islanda, Groenlandia, Estonia, Lettonia e Lituania, hanno sottoscritto l'accordo di Porvoo. Trattandosi di chiese aventi tutte una struttura episcopale, è stato possibile in questo caso trovare un'intesa anche in merito alla questione del ministero. La differenza tra la concezione anglicana, che dà importanza alla successione episcopale storica, e quella delle chiese luterane, che non ritengono necessaria una successione ininterrotta per riconoscere valore al ministero del vescovo, non è stata ritenuta tale da impedire un totale e reciproco riconoscimento ecclesiale.

Questa molteplicità di tentativi di unità riconciliata pone due domande: 1) sul loro reciproco *rapporto*; 2) sulla *compatibilità* tra alcuni di essi. Per quanto riguarda il rapporto, la questione può essere formulata nei termini della proprietà transitiva: se A è in comunione con B e B è in comunione con C, A e C sono anche in comunione? Ad esempio: se una chiesa riformata come quella valdese è, mediante la Concordia di Leuenberg, in comunione con la chiesa luterana di Norvegia, e quest'ultima è, mediante l'accordo di Porvoo, in comunione con la chiesa anglicana, la chiesa valdese e quella anglicana sono in piena comunione ecclesiale tra loro? Di fatto non è così, il che pone indubbiamente un problema di ordine *logico:* quando la *teo*logia entra in conflitto con la logica elementare (che in ultima analisi non fa che formalizzare il buon senso), non è mai un buon segno. Infatti il problema logico ne esprime uno teologico: la conclusione negativa è dovuta al fatto che la Concordia di Leuenberg e la Dichiarazione di Porvoo «funzionano» in base a concezioni teologiche diverse. La prima ha alla base una visione di chiesa che accoglie differenti teologie del ministero; la seconda considera *una* di queste teologie come normativa. Si pone, quindi, il problema della compatibilità tra diverse versioni del modello delle diversità riconciliate. La chiesa romana e quella ortodossa sottolineano questo aspetto come una debolezza del progetto ecumenico protestante.

Resta da menzionare l'idea di comunione di alcune chiese battiste, ad esempio di quelle riunite nella Federazione battista europea: essa si fonda, in sostanza, sulla sola comprensione comune dell'evangelo. La comunione, dunque, non presuppone una visione condivisa dei sacramenti: secondo queste chiese battiste «aperte», dunque, vi può essere una piena comunione anche con chiese di tradizione pedobattista. Accade così che molte chiese battiste possano «riconoscere» come chiese sorelle anche alcune tra quelle che, a parer loro, non celebrano il battesimo in modo legittimo: che cioè non celebrano un «vero» battesimo e i cui membri, a rigor di termini, non possono essere ritenuti battezzati. A prima vista, si tratta di una posizione molto irenica ed ecumenicamente promettente. In realtà, essa è esposta al paradosso di postulare l'esistenza di un'autentica chiesa cristiana che non celebri un vero battesimo. Esamineremo alcune ipotesi di soluzione di questo problema nel capitolo 8.

6. ALTRI MODELLI DI UNITÀ

Ci sembra opportuno presentare brevemente altri modelli di unità, che, pur non essendo stati dibattuti o praticati come i precedenti, sono stati elaborati.

I sostenitori del modello di *unità invisibile* ritengono che l'unità della chiesa sia un dato che, in ultima istanza, non può essere manifestato visibilmente. L'unico modo per realizzare l'unità cristiana sarebbe l'abbandono delle particolarità confessionali, allo scopo di creare una nuova identità che sia in grado di andare al di là del confessionalismo; anche in questo caso, comunque, l'unica vera unità sarebbe rappresentata dall'unità spirituale. È necessario, crediamo, ammettere che una simile idea si colloca al di fuori del progetto fondamentale del movimento ecumenico, che appunto riguarda le forme *visibili* di unità della chiesa. L'opera dello Spirito, che crea unità al di là delle possibilità e delle realizzazioni umane, non è un obiettivo, bensì il presupposto di ogni impegno ecumenico.

Una variante dell'idea precedente, simile per struttura, ma marcatamente diversa nell'articolazione, rispetto all'unità nelle diversità riconciliate è il cosiddetto *ecumenismo delle opposizioni*. L'idea di fondo di questo modello è quella di accettarsi reciprocamente nella propria diversità, senza tentare di superare o di risolvere le differenze, ma accettandole come parte della comunione.

Altri hanno proposto un modello di unità che nasca dall'azione comune in quegli ambiti, non solamente ecclesiastici, ma che interessano l'azione della chiesa del mondo. Chi condivide questa prospettiva si è reso fautore, in maniera particolare, del cosiddetto *ecumenismo secolare*. Interpretato in *optimam partem*, tale progetto ricade in definitiva nell'ambito dello schema federativo.

7. CONCLUSIONI

Il movimento ecumenico si prefigge di elaborare e superare una lunga e complessa storia di conflitti e di divisioni. È inevitabile che i progetti sviluppati in tale prospettiva appaiano a volte macchinosi e piuttosto astratti. La «base» delle chiese, ma non solo essa, può legittimamente chiedersi se un simile sforzo non risulti, in ultima analisi, assai poco interessante per chi viva la propria fede nel quotidiano; e se l'unità non vada piuttosto ricercata, semplicemente, nel comune sentire che così spesso unisce i cristiani, nella preghiera e nell'azione solidale, al di là delle divisioni e senza bisogno di alchimie ecclesiologiche. Si tratta di un'obiezione spiritualmente seria. Il movimento ecumenico deve chiedersi con franchezza se il proprio lavoro non sia effettivamente esposto al rischio di decadere in una diplomazia ecclesiastica e in un'ingegneria teologico-istituzionale lontane dalla vita reale delle comunità.

La divisione, tuttavia, fa parte di questa vita reale, anche quando la si nasconde sotto il linguaggio pio. Basti pensare ai matrimoni interconfessionali, nei quali le grandi parole sulla vita comune vengono immediatamente contraddette dalle chiese stesse, che separano i coniugi alla mensa del Signore. E gli esempi si potrebbero moltiplicare. Bisogna anche dire che esiste uno scetticismo nei confronti del compito ecumenico che, sotto parvenze di modestia teologica, vorrebbe in realtà nascondere il rifiuto del dialogo spregiudicato e della critica teologica. Vorremmo dunque sostenere che i tentativi di articolare le forme visibili dell'unità, pur con tutti i loro limiti, cercano di offrire un contributo reale e, anche, insostituibile.

A nostro giudizio, inoltre, sarebbe errato ritenere che i diversi, e alquanto disparati, modelli che abbiamo cercato di presentare si collochino tutti sullo stesso piano. Nei fatti, uno tra essi è appoggiato dalla testimonianza biblica, così come la ricerca esegetica ce la restituisce: si tratta di quello delle diversità riconciliate. Esso è anche l'unico che, finora, è stato in grado di superare effettivamente divisioni profonde generate dalla storia. Lo stereotipo di un protestantesimo parcellizzato e diviso, così diffuso nell'opinione comune, non corrisponde (più) alla realtà e ciò è dovuto al successo (parziale, ma autentico) del modello delle diversità riconciliate. Se il movimento ecumenico, che oggi si trova in una crisi profonda, vorrà riprendere il proprio cammino, dovrà, con ogni verosimiglianza, ripartire da esso.

4

CONSENSO SULLA DOTTRINA
DELLA SALVEZZA?

1. IL PROBLEMA

La «svolta riformatrice» di Lutero consiste in una rinnovata comprensione del messaggio paolinico, ispirata ad Agostino e centrata sulla categoria di giustizia di Dio. Essa non indica, secondo il riformatore, il fatto che Dio giudica con equità gli esseri umani secondo i loro meriti e mancanze: se così fosse, la condanna sarebbe certa. «Giustizia di Dio» è invece il dono che Dio fa all'essere umano peccatore, considerandolo giusto nonostante il suo peccato. La salvezza è dunque accordata per grazia soltanto e viene ricevuta nella fede: si parla dunque di «giustificazione per grazia mediante la fede» o anche di «giustificazione per fede».

Il Concilio di Trento, reagendo alla Riforma, non sostiene *simpliciter*, come spesso si sente dire, una giustificazione «per opere», cioè in base ai meriti. Anche Trento intende porre al centro la grazia. Essa viene qui concepita come una potenza, una forza, che Dio infonde mediante la predicazione e soprattutto mediante i sacramenti, nei credenti e che li mette in condizione di compiere la sua volontà.

In che cosa consiste, esattamente, il dissenso? Abbiamo individuato due punti.

La Riforma esprime il proprio pensiero traducendo il vocabolario di Paolo (che è giuridico) in termini relazionali: salvezza è il fatto che Dio, nella sua libertà, stabilisce con l'essere umano un rapporto positivo, identificato dai termini di grazia, perdono e, appunto, giustificazione. Ciò che conta è l'iniziativa di Dio in Gesù Cristo soltanto (*solus Christus*) come evento indeducibile del perdono (*sola gratia*), che si manifesta nella parola annunciata (*solo verbo*) e viene accolta nella fede (*sola fide*). Il fatto che l'essere umano si senta o meno peccatore è secondario: conta la dichiarazione di Dio, alla quale il credente si affida. Tale affidarsi a una parola di promessa, non disponibile, è detto *certitudo* e, in Lutero, ciò si contrappone alla *securitas*, che è la ricerca di una conferma in qualche modo (psicologicamente, eticamente, sacramentalmente) dimostrabile. In questa prospettiva, chi crede è *al tempo stesso giusto e peccatore* (*simul justus ac peccator*). È giusto in quanto considerato a partire dalla dichiarazione di grazia da parte di Dio; è peccatore se considerato empiricamente, in base alla qualità della sua esistenza morale. Certamente, l'accoglienza della parola di Dio porta con sé una prassi etica (*sola fides numquam sola*). Essa però non incide sulla dimensione della salvezza.

Trento traduce il vocabolario giuridico di Paolo in termini ontologici. La grazia, nelle sue diverse manifestazioni, è una realtà che trasforma in termini visibili e verificabili, nonché in misura maggiore o minore, la vita dei credenti. Chi crede, se non raggiunge la perfezione, è *partim justus, partim peccator*: l'evento della giustificazione può infatti, in questa prospettiva, essere pensato in termini quantitativi. Trento contesta come astratta e formale l'impostazione della Riforma e si preoccupa di tutelare la realtà dei frutti della grazia e il loro carattere identificabile (in termini morali, ad esempio).

Il secondo elemento di dissenso è il seguente. Secondo il Tridentino, l'essere umano si trova, prima dell'evento della giustificazione, in una situazione aperta rispetto alla grazia: gli è possibile accoglierla, oppure rifiutarla. L'evento della grazia è dunque collegato a un sì preliminare della libertà umana.

In questo caso è la Riforma a considerare astratta la posizione altrui. Per Lutero non esiste alcun terreno «neutrale» tra il campo di forza della grazia e quello del peccato, tra Dio e Satana. L'essere umano, se non è raggiunto dalla parola della grazia, si trova in una situazione perduta, alla quale soltanto l'evangelo può strapparlo. In questa prospettiva l'idea di una «libertà» umana sembra compromettere il primato della grazia.

In sintesi, l'alternativa tra Riforma e Tridentino non è riassumibile nei termini «salvezza per grazia» / «salvezza per opere». Si tratta invece di due diverse modalità di concepire la grazia: in termini relazionali nella Riforma, in termini ontologici nel Tridentino. Questo, certo, ha importanti risvolti teologici, antropologici, etici. Di fatto, però, il dibattito e lo scontro hanno spesso mostrato la tendenza a esprimersi in termini semplificati, radicalizzando ulteriormente il dissenso.

2. IL DIALOGO ECUMENICO

Il dialogo ecumenico sul versante dottrinale si è proposto di verificare la possibilità di superare le scomuniche del XVI secolo, naturalmente senza che una delle due parti dovesse rinunciare all'essenziale delle proprie posizioni. Ciò è sembrato possibile a partire dalla convinzione che il dissenso riguardasse più le modalità linguistiche con le quali le due tradizioni si esprimono, che la sostanza del problema. Naturalmente, linguaggio (relazionale da una parte, ontologico dall'altra) e contenuto non possono essere separati in modo assoluto, ma è possibile distinguere i due piani. Un serrato confronto teologico ha evidenziato che entrambe le tradizioni intendono affermare il primato assoluto della grazia ed entrambe sono convinte che la grazia è carica di conseguenze nella prassi. Restano differenze di rilievo nell'articolazione teologica dei vari aspetti: in particolare, la tradizione cattolica non può integrare nella propria comprensione il *simul justus ac peccator*. Le differenze, tuttavia, non sembrano tali da giustificare la divisione tra le chiese: si tratta di un consenso differenziato, articolato in teologie diverse e con accenti diversi. Tali conclusioni sono state solennemente espresse dalla chiesa cattolica romana e dalla Federazione luterana mondiale nella *Dichiarazione congiunta sulla giustificazione* (Augusta 1999). La Dichiarazione non è, in se stessa, impegnativa per tutte le chiese protestanti: se però si prescinde da alcuni particolari, quanto affermano i luterani è condivisibile dalla maggior parte delle chiese della Riforma e dunque il testo può considerarsi indicativo delle attuali prospettive del dibattito ecumenico su questo punto.

È interessante osservare come viene affrontato, in simili documenti, il problema delle scomuniche del passato. Esso è complesso soprattutto per la parte cattolica, che considera le proprie dichiarazioni dogmatiche «irreformabili». Quanto ha detto il Concilio di Trento, cioè, vale per l'eternità, scomuniche (eminentemente) comprese. Come se ne esce? Nessuna delle due parti rinuncia alle proprie affermazioni, nemmeno alle scomuniche. Solo dopo aver esaminato la posizione dell'interlocutore si constata che le scomuniche non colpiscono la posizione dell'altra parte così come essa è attualmente presentata. Si sostiene cioè che il luteranesimo di oggi *non* afferma quanto Trento ha inteso condannare; e lo stesso vale nell'altra direzione. Presentata in modo un po' umoristico, la situazione sarebbe dunque la seguente: certamente il Tridentino ha ragione nelle sue condanne; esse sono infallibili. Chi però sostiene le tesi condannate? Nessuno! E forse non le sosteneva nemmeno Lutero. Pura ingegneria ecumenica? Non proprio: se si pensa che solo pochissimi dei partecipanti al Tridentino conoscevano *qualcuna* delle opere di Lutero, si può capire per quali motivi essi abbiano condannato più una caricatura della Riforma che le effettive tesi luterane.

3. NON È TUTTO ORO QUEL CHE LUCCICA

La Dichiarazione congiunta ha suscitato, soprattutto in ambito protestante, molto entusiasmo. Se si è d'accordo sul messaggio della grazia, si è detto, il passo avanti è enorme. Dire «grazia» significa dire «evangelo». Se su questo vi è consenso, nessun altro dissenso può avere portata tale da dividere le chiese. È l'evangelo, infatti, il messaggio stesso di Cristo, a unirle.

Non è così. Il seguito del cammino ha mostrato che il consenso sull'evangelo non ha portato al superamento della scomunica di Roma nei confronti delle chiese della Riforma. Anzi, Roma neppure considera queste ultime «chiese in senso proprio». Si può dunque predicare la verità di Dio in Gesù Cristo (questo e non altro è il messaggio della salvezza) senza essere chiesa? Sembrerebbe di sì. Come questo sia possibile è il tema del capitolo 6.

5

SCRITTURA E TRADIZIONE

1. IL PROBLEMA

L'antichità cristiana e il Medioevo non conoscono un problema teologico legato alla coppia di concetti «Scrittura-tradizione». In parte ciò dipende, molto semplicemente, dal fatto che, per la massa del popolo cristiano, il testo biblico in quanto tale è del tutto inaccessibile (l'analfabetismo è diffuso e, comunque, il libro è manoscritto e costituisce un oggetto raro) e viene conosciuto soltanto attraverso la liturgia, la predicazione, la catechesi. Più in profondità, ma in connessione profonda con questi fattori, la «parola di Dio» è compresa come un'unità, certo alquanto dinamica e articolata, nella quale la Scrittura è celebrata, interpretata, vissuta. La tradizione è, dunque, l'insieme di questa interpretazione vivente del testo biblico il quale, attraverso di essa, permea la vita della chiesa.

Un significativo slittamento compare nel tardo Medioevo. Si consolida, e acquista importanza, una concezione della tradizione che non è del tutto nuova ma che, in precedenza, non era salita in primo piano: l'idea, cioè, che *accanto* ai contenuti della Scrittura, la rivelazione comprenda *altri* elementi, che non si sono cristallizzati nel testo biblico e che non sono riconducibili soltanto a una sua interpretazione. Anch'essi risalirebbero agli apostoli e, attraverso di essi, al Signore, ma sarebbero stati tramandati oralmente e custoditi, in particolare, dai vescovi. Tale concezione non viene particolarmente approfondita sul piano teorico, fino alle controversie nate con la Riforma. È però accentuatamente presente nella prima età moderna.

Ad essa reagisce anzitutto l'umanesimo, che sottolinea l'esigenza di un ritorno *ad fontes*. Ciò vale per tutti gli aspetti della cultura, dalla letteratura al diritto. Vale anche, ed eminentemente, per il patrimonio cristiano. L'invenzione della stampa e l'aumento decisivo della circolazione del testo scritto contribuiscono a tale processo. Gli umanisti, e in particolare il loro «principe», Erasmo da Rotterdam, pubblicano edizioni dei testi patristici e nei primi decenni del XVI secolo compaiono alcune edizioni critiche (che cioè presentano un testo risultante dall'esame comparativo dei manoscritti) del Nuovo Testamento greco. La più influente (benché, dal punto di vista scientifico, non sia la più avanzata) è quella dello stesso Erasmo, il quale fornisce anche una traduzione latina che in numerosi punti corregge significativamente quella di Girolamo. Sulla base di un testo originale e di una traduzione affidabile, nonché di una nuova conoscenza anche delle opere dei Padri, l'impresa di verificare il contenuto della tradizione confrontandolo col testo biblico diviene più praticabile.

Il programma della Riforma, *sola Scriptura*, è dunque abbondantemente preparato dall'umanesimo, oltre a richiamarsi a episodi della storia cristiana medievale (ad esempio, la vicenda dei valdesi) e immediatamente successiva (si pensi al messaggio di John Wyclif e Jan Hus). Lutero, tuttavia, svolge tale progetto con un impeto e una sagacia teologica senza precedenti. Si tratta, molto semplicemente, di ripensare l'intera esistenza cristiana sulla base della Scrittura, la cui conoscenza viene incrementata mediante la predicazione e la catechesi, nonché la diffusione a stampa di parti del testo biblico, sempre in funzione catechistica. *Sola Scriptura*: la tradizione viene dunque eliminata?

2. LA TRADIZIONE NELLA COMPRENSIONE DELLA RIFORMA

Una lettura anche superficiale di qualche scritto dei riformatori maggiori mostra che non è affatto così. Al contrario, la Riforma ritiene di essere in continuità con la grande tradizione della chiesa indivisa e ciò, in particolare, per quanto riguarda due aspetti.

1. Il patrimonio dogmatico della chiesa antica, cioè l'interpretazione della Scrittura fornita dai grandi concili dell'antichità, viene ripreso. Le confessioni di fede antiche (il Credo apostolico, quello di Nicea-Costantinopoli e quello di Atanasio o *Quicumque*) vengono mantenuti e, più tardi, apriranno le raccolte dei testi simbolici (cioè normativi dal punto di vista dottrinale) delle chiese evangeliche.

2. Il dialogo con la tradizione patristica resta serrato. Soprattutto Agostino svolge un ruolo importantissimo nella teologia dei riformatori.

Già da queste osservazioni, tuttavia, si comprende che l'idea di tradizione conservata dalla Riforma è quella antica, relativa cioè alla tradizione come processo interpretativo della Scrittura. Frequentato da vicino, poi, tale processo si rivela, con tutta evidenza, tutt'altro che univoco, un vero e proprio dibattito, non un *corpus* dottrinale omogeneo. Così intesa, la tradizione mantiene un significato normativo. La Riforma è perfettamente consapevole del fatto che la storia della chiesa non inizia nel XVI secolo e che altri hanno, in precedenza, letto la Scrittura e testimoniato l'evangelo. Il loro contributo interpretativo è dunque considerato essenziale e accolto con reverenza. Precisamente in quanto *interpretazione*, tuttavia, esso è evidentemente sottoposto alla Scrittura. Esistono dunque due livelli di normatività: la Bibbia costituisce la *norma normans,* in quanto precipitato della testimonianza dell'età apostolica relativamente a Gesù. Il suo testo, propriamente, è il vero successore degli apostoli. La tradizione è una *norma normata* (dalla Bibbia che essa interpreta). È un'autorità, ma non indiscutibile. Non può rivendicare un'autorevolezza paragonabile a quella della testimonianza scritturale.

Quanto all'altra idea di tradizione, quella cioè che la presenta come portatrice di contenuti non riconducibili al testo biblico, essa viene rifiutata con forza. La Scrittura resta il criterio rispetto al quale la legittimità di ogni forma di tradizione viene valutata.

3. LA REAZIONE DELLA CONTRORIFORMA

Tra le conseguenze immediate del rifiuto della proposta riformatrice da parte di Roma si annovera, inevitabilmente, una maggiore enfasi sul carattere normativo della tradizione e un irrigidimento precisamente degli aspetti che i riformatori avevano contestato. La stessa storiografia cattolica ha discusso animatamente l'idea di tradizione che sarebbe effettivamente propria del Concilio di Trento: prevale ancora l'idea della tradizione come movimento interpretativo, per quanto autorevole, oppure il Tridentino proclama una tradizione portatrice di contenuti in qualche modo autonomi rispetto alla Scrittura? Qualunque fosse l'intenzione dei padri conciliari, è un fatto che sia la seconda opzione a determinare la teologia e (se possibile, ancor più) la prassi cattolica romana. La visione di una tradizione orale, custodita dall'episcopato, ulteriore rispetto alla Bibbia per quanto riguarda i contenuti, va a braccetto con l'incremento del dirigismo da parte della gerarchia cattolica. All'interno di quest'ultima, poi, cresce, con un'accelerazione vertiginosa nel XIX secolo, il centralismo papale, che culmina nelle definizioni dogmatiche del primato e dell'infallibilità nel 1870. La comprensione «dura», esplicitamente antiprotestante, della tradizione, si esprime nel modo più plastico nella definizione dogmatica, oltre che dei dogmi papali, di quelli mariani (l'Immacolata Concezione nel 1854 e l'assunzione corporea di Maria in cielo nel 1950). In particolare questa seconda definizione rinuncia abbastanza esplicitamente a un vero e proprio fondamento biblico e si richiama in termini decisivi a quello che viene presentato come portato della tradizione.

4. IL VATICANO II

L'interpretazione della Costituzione dogmatica del Vaticano II sulla rivelazione (la *Dei Verbum*) ha fatto scorrere, anche per quanto riguarda il nostro tema, fiumi d'inchiostro. Che la Costituzione nel suo insieme intenda rivalutare il ruolo della Scrittura nella vita della chiesa romana è fuori discussione. Tale speranza si è anche realizzata in quello che costituisce, nonostante ogni spinta in senso contrario, uno dei frutti più significativi del Concilio. Il testo, come sempre accade nel Vaticano II, rappresenta tuttavia una mediazione tra teologie diverse. Le formulazioni direttamente attinenti al nostro tema non sono affatto, dal punto di vista evangelico, rassicuranti. Al n. 9 si afferma in primo luogo che «la sacra tradizione dunque e la sacra Scrittura sono inseparabilmente unite e comunicanti tra loro. Poiché ambedue scaturiscono dalla stessa divina sorgente, esse formano in certo qual modo un tutto e tendono allo stesso fine».

Si impongono, qui, le seguenti osservazioni.

1. L'idea di una stretta «congiunzione» è senz'altro da accogliere: la Scrittura ci giunge comunque e sempre

in un processo di tradizione; e la tradizione, rettamente intesa, è un processo interpretativo della Scrittura.

2. La formulazione sulla loro scaturigine «dalla stessa divina sorgente» suggerisce, come minimo, un parallelismo assai problematico. In realtà, la tradizione, se ha carattere interpretativo, dipende dalla «divina sorgente» *attraverso* la Scrittura. L'idea di una comune fonte e di due uscite sembra corrispondere a quella di due percorsi paralleli della rivelazione.

3. Che esse costituiscano «in qualche modo» un'unità è senz'altro condivisibile. Si tratta però di sapere *in che modo*; e comunque l'unità ha un carattere differenziato, che nel testo non emerge.

In ogni caso, i dubbi sono eliminati dalla conclusione del paragrafo: «La chiesa attinge la certezza su tutte le cose rivelate non dalla sola Scrittura e [...] di conseguenza, l'una e l'altra devono essere accettate e venerate con pari sentimento di pietà e riverenza». In precedenza, il testo precisa che gli apostoli e i loro successori (si intende: i vescovi) sono i custodi della tradizione.

Larghi settori della teologia cattolica romana hanno compiuto uno sforzo commovente per interpretare queste parole in un senso ecumenicamente accettabile. L'impresa, tuttavia, appare francamente disperata. Sembra chiaro che l'intenzione del Concilio è: 1) rifiutare il *sola Scriptura* della Riforma con tutta la chiarezza possibile; 2) presentare una dottrina in marcata continuità con quella dominante nella Controriforma, pur inquadrandola in una riscoperta della Bibbia ed evitando di parlare in modo esplicito e diretto di «due fonti» della rivelazione.

5. L'APPORTO DELLA CRITICA BIBLICA

Abbastanza curiosamente, l'esegesi critica protestante, che nei primi decenni del XX secolo era stata respinta dalla teologia cattolica ufficiale in quanto empia e demolitrice del contenuto storico della Scrittura, è stata in seguito strumentalizzata per attingere ad essa argomenti che la polemica cattolica ha utilizzato nella controversia confessionale. La scuola esegetica detta della «storia delle forme», che ha i suoi esponenti più noti in Martin Dibelius (1883-1947) e Rudolf Bultmann (1884-1976), ha chiarito che dietro le unità narrative che poi sono confluite nei libri del Nuovo Testamento, e in particolare negli evangeli sinottici, vi è una tradizione orale durata anche decenni. Una certa teologia cattolica vorrebbe dedurre da questa ricostruzione storica una sorta di primato della tradizione orale (e della chiesa che ne sarebbe custode) sulla Scrittura.

Il dato critico di partenza è corretto; la conclusione teologica (o, più propriamente, polemica) appare invece illegittima. È infatti necessario chiedersi perché la tradizione orale sia prima stata messa per iscritto e poi canonizzata. Le risposte alla prima domanda sono riconducibili all'esigenza di preservare la tradizione, sia nei confronti di possibili impoverimenti, sia, soprattutto, nei confronti di quel processo di lievitazione che sempre accompagna le tradizioni orali e che tende ad assumere le proporzioni di un «effetto valanga». Il testo scritto fissa la tradizione e si pone come criterio per quanto riguarda la sua trasmissione. Nello stesso senso, e in forma teologicamente più pregnante, opera il processo di canonizzazione, cioè la scelta, operata dalla chiesa, di un corpus di testi che assume la valenza di Scrittura normativa. Costituendo il canone, la chiesa sceglie nell'ambito della tradizione quanto le sembra corrispondere alle origini; contemporaneamente, essa pone a se stessa un criterio per quanto riguarda la propria prassi, la propria predicazione, la propria teologia. Costituendo un canone, la chiesa riconosce di non essere «depositaria» della rivelazione. Quest'ultima è testimoniata dal testo e la chiesa è una comunità interpretante. Il processo di formazione degli scritti canonici documenta, nella storia della chiesa delle origini e poi antica, precisamente il tipo di preoccupazione che è stato fatto valere dalla Riforma, cioè l'esigenza di opporsi a una dinamica di lievitazione selvaggia della tradizione della chiesa.

6. E L'ORTODOSSIA?

Fin qui abbiamo esposto una vicenda teologica soltanto occidentale. La chiesa ortodossa non ha partecipato alla discussione cattolico-protestante su questo argomento. La sua posizione può essere così riassunta. La Scrittura e la tradizione interpretativa del primo millennio costituiscono, per le chiese orientali, una unità. Il pensiero non solo dei concili, ma anche dei padri greci costituisce l'interpretazione normativa della Scrittura e dunque, in ultima analisi, si fonde con essa. L'interpretazione patristica, con i propri criteri, è rimasta egemone. Per altro verso, la chiesa ortodossa concepisce il carattere «vivente» della tradizione come trasmissione sostanzialmente fotografica dell'eredità antica alle generazioni successive: ciò avviene essenzialmente mediante la liturgia. L'idea di uno «sviluppo» della tradizione appare più che sospetta. Utilizzando, per motivi di chiarezza, un linguaggio approssimativo, si può dire che per l'ortodossia il periodo «canonico» non si limita al I secolo, bensì si estende all'incirca al primo millennio: una prospettiva come quella evangelica risulta dunque, in un simile contesto, non solo problematica, ma per certi versi incomprensibile. Dall'altra parte, la visione ortodossa della normatività della tradizione è «chiusa», non estende la normatività alla tradizione del II millennio. I vescovi sono custodi della tradizione in quanto ne ripropongono il contenuto, ma la loro interpretazione non può permettersi di essere «creativa», ad esempio proclamando «nuovi» dogmi. Da questo punto di vista, si tratta di una posizione alternativa anche a quella cattolica romana.

Il confronto con l'ortodossia evidenzia con chiarezza quanto massiccio sia il debito che entrambe le confessioni occidentali hanno contratto con la tradizione ermeneutica che riceve in Agostino la sua prima formulazione articolata. Agostino pone il problema del rapporto tra testo e interprete, tra segno e significato, tra lettera e spirito del testo, nei termini che l'Occidente dibatte, per alcuni aspetti, oggi ancora; e il rapporto tra Scrittura e tradizione costituisce una sorta di crocevia di tutte le grandi questioni dell'interpretazione. Anche l'ermeneutica filosofica contemporanea, da Heidegger a Gadamer, a Umberto Eco, ha una matrice agostiniana. In Oriente non si è svolto un simile dibattito. Anche gli sviluppi attuali della discussione tra le confessioni occidentali, dunque, non sempre appaiono realmente fecondi in una prospettiva orientale.

7. PROSPETTIVE ECUMENICHE

Non si può dire che, nell'attuale discussione ecumenica, il nostro tema venga spesso presentato come oggetto di particolare controversia. Esso però svolge un ruolo decisivo in molte questioni nelle quali decisioni ermeneutiche di fondo svolgono un ruolo importante. Tipico è il caso dell'ecclesiologia e della dottrina del ministero. Dal punto di vista protestante, il dato realmente significativo è che il Nuovo Testamento conosce una pluralità di visioni della chiesa e della sua articolazione ministeriale. Nella prospettiva cattolica, una diversa valutazione teologi-

ca della tradizione permette di individuare una traiettoria
che porta all'affermarsi di un particolare modello di ministero, al quale si annette un significato normativo.

In ogni caso, dev'essere chiaro che il *sola Scriptura*
protestante non esclude, bensì presuppone, il fatto che il
testo biblico giunge a noi solo attraverso una tradizione.
Nello stesso tempo, il testo non è riassorbito dalla tradizione: mentre vive *in* essa, esso continua a porsi *di fronte* ad essa, come istanza normativa e critica. Nella teologia cattolica, un simile punto di vista, espresso in questi
termini, troverebbe senz'altro il consenso di molti. Come però abbiamo visto leggendo il Vaticano II, la posizione magisteriale non è questa. L'onda lunga della Controriforma e dell'idea di tradizione come deposito di contenuti ulteriori rispetto alla Scrittura, continua a essere
presente e, per molti aspetti, vincente. A ciò, lo ripetiamo, si deve aggiungere un processo che potremmo chiamare di «verticizzazione»: la tradizione, in quanto custodita dalla gerarchia, finisce per coincidere col punto di
vista di quest'ultima; con il 1870, poi, si compie il processo di assoluta subordinazione della gerarchia al papato romano. Accade così che Pio IX possa dire: *la Tradizione sono io*. Un simile esito non dovrebbe essere banalizzato come espressione di intemperanza personale, bensì analizzato dal punto di vista della vicenda teologica
che lo ha prodotto.

Il *sola Scriptura* protestante, dunque, svolge ancora
un importante compito critico, che deve essere fatto valere nel dibattito ecumenico. Gli sviluppi della ricerca biblica (e non solo quelli ai quali abbiamo fatto cenno) richiedono, naturalmente, una sua costante rilettura, ma
parlare, come ha fatto un famoso teologo evangelico, di
una sua «crisi», è del tutto fuori luogo. Non il *sola Scriptura* è in crisi: semmai lo è una teologia evangelica che
stenta a coglierne la forza di testimonianza; e lo è una
teologia ecumenica che preferisce mettere tra parentesi
la sua asprezza critica: rinunciando anche, in tal modo,
alla sua promessa di verità.

6

IL TEMA ECCLESIOLOGICO
NELL'ODIERNO DIBATTITO ECUMENICO

Il dialogo ecumenico ha messo in luce, accanto a molte possibilità di convergenza tra le chiese, e accanto alla possibilità di comprendere in modo nuovo le divergenze che comunque rimangono, anche un dissenso che, al momento, sembra insanabile e che, come vedremo, acquista una portata decisiva: si tratta della comprensione della chiesa. Le tre grandi famiglie ecclesiali concordano nel confessare la chiesa una, santa, cattolica (cioè universale) e apostolica: una comunità convocata da Dio per celebrare e testimoniare l'evangelo, nell'attesa del ritorno del Signore. Differenze nell'interpretazione dei quattro aggettivi (detti, in linguaggio teologico, *notae ecclesiae*) possono darsi non solo tra le confessioni, ma anche all'interno di ciascuna di esse. Sulle prime tre note, però, esistono spazi di consenso relativamente ampi. La chiesa è *una* in quanto le differenze tra le sue varie espressioni concrete non impediscono che il messaggio predicato sia lo stesso e che dunque, in esso, la chiesa sia unita. In questo senso, l'unità è data nel Dio trinitario: è unità di comunione tra chiese diverse. La chiesa è *santa* in quanto Dio la «mette a parte» in vista del compito che le è affidato. Non si tratta in primo luogo di una santità morale, bensì della vocazione al servizio e della promessa che l'accompagna. Evidentemente, esse sono associate all'esigenza della santificazione, in quanto l'evangelo è, al tempo stesso, dono e compito. La chiesa è *cattolica* in quanto la fede confessata dalla comunità locale non è *altra* rispetto a quella professata da tutte le altre comunità sparse nel mondo, anche se può esprimersi in una legittima varietà di forme, sul piano liturgico e teologico. Nel quadro dell'idea, che già abbiamo presentato, dell'unità nella diversità, dovrebbe essere possibile comprendere in prospettiva ecumenica le prime tre note della chiesa. Il dissenso relativo alla quarta appare invece tale non solo da *differenziare*, bensì da *dividere* le chiese. Poiché però le note della chiesa sono strettamente interdipendenti, dissentire in radice su una di esse significa, indirettamente a volte, ma realmente, dissentire *anche* sulle altre.

1. QUAL È LA CHIESA «APOSTOLICA»?

O, detto altrimenti: che cosa *costituisce* e poi anche *indica* l'apostolicità della chiesa?

Le chiese della Riforma rispondono: il contenuto del messaggio apostolico, cioè Cristo stesso, il quale è presente nella chiesa nella sua parola, la quale a sua volta è donata in due forme: la predicazione e i «sacramenti», che per tali chiese sono il battesimo e la cena del Signore (discuteremo più avanti il problema costituito dal numero dei sacramenti, sul quale le chiese non sono d'accordo). Schematizzando al massimo, si può affermare che il protestantesimo ha una visione contenutistica dell'apostolicità della chiesa.

Il cattolicesimo romano concorda sull'esigenza della fedeltà al *messaggio* apostolico. Esso ritiene, però, che tale fedeltà sia espressa e garantita da un particolare ministero, quello del vescovo. Anche le chiese protestanti ritengono che sia necessario, nella chiesa, un servizio specifico alla parola e al sacramento, concretamente svolto, su base locale, dal pastore; è anche necessario, nella prospettiva dell'unità e della cattolicità della chiesa, un servizio di comunione tra le chiese locali, che nel protestantesimo viene esercitato in modi diversi, personali o collegiali (direzioni ecclesiastiche nazionali o anche internazionali e/o presidenti di chiese, che possono anche essere chiamati «vescovi»). Roma (e l'ortodossia, come diremo) ritengono però che questo ministero si collochi, non solo sul piano del contenuto del messaggio ma anche nella sua articolazione formale, in continuità diretta con il ministero storicamente esercitato dagli apostoli. Questi ultimi, cioè, avrebbero nominato, mediante imposizione delle mani, dei successori, i quali a loro volta hanno trasmesso il loro ministero e così via sino a oggi. Naturalmente, l'imposizione delle mani non viene intesa in termini semplicemente «meccanici». L'ecclesiologia cattolica romana più avvertita ironizza su quella che viene chiamata a volte «dottrina della *pipe-line*» (oleodotto): l'idea cioè che vede la successione apostolica come una sorta di automatico passaggio dell'autorità apostolica da un vescovo all'altro. Piuttosto, l'ordinazione inserisce il vescovo nel «collegio episcopale» e la comunione con esso, cioè con la collegialità dei vescovi nel mondo, costituisce un elemento essenziale della successione apostolica, come la chiesa romana la intende. Può dunque accadere che un vescovo «validamente» ordinato si collochi, per le proprie posizioni personali in materia di dottrina, di disciplina o di liturgia, al di fuori della successione apostolica così intesa. Resta il fatto che l'idea di una continuità che si sostiene essere «storica» costituisce, in questa prospettiva, un elemento essenziale di questa visione del ministero episcopale e, come tale, un criterio decisivo della sua autenticità.

La chiese della Riforma avrebbero «interrotto» tale successione, rompendo, a suo tempo, con i vescovi in essa inseriti. Esse mancherebbero quindi dell'autentico ministero episcopale. Poiché tale ministero, come s'è detto, è ritenuto espressione e garanzia anche dell'autenticità del messaggio, la sua «assenza» (o ciò che si ritiene tale) ha conseguenze fatali: essa è la ragione per la quale il magistero cattolico anche recente nega che quelle protestanti siano chiese «in senso proprio». Il vocabolario romano usa per quelle evangeliche l'espressione «comunità ecclesiali»: essa intende riconoscere «elementi di ecclesialità», ma non la piena identità ecclesiale. Chiese «in senso proprio» sono invece, secondo Roma, oltre naturalmente a quella cattolica, quelle ortodosse, perché avrebbero mantenuto l'autentica «successione apostolica» nel ministero del vescovo; esse però non sono in piena comunione con la chiesa romana, perché non riconoscono il primato di giurisdizione (cioè il potere) universale del papa.

Sempre secondo il cattolicesimo romano, il ministero del sacerdote dipende da quello del vescovo, in quanto ne è, per così dire, il prolungamento: il sacerdote partecipa della pienezza ministeriale del vescovo. I pastori protestanti, che non parteciperebbero di tale pienezza (perché le chiese della Riforma *non* avrebbero autentici vescovi), non possono dunque essere considerati autentici ministri. La loro predicazione potrebbe anche, in linea di principio, essere ritenuta autentica, in quanto anche un ministro non «autenticamente» ordinato (cioè, in definitiva, un laico) può, anche secondo Roma, predicare la verità. Anche il battesimo da essi celebrato può essere valido, perché anche un ministro non «autenticamente» ordinato (cioè, anche in questo caso, un laico) può, in determinate situazioni, celebrare validamente il battesimo. La cena del Signore, invece, richiede a parere di Roma, per essere celebrata, un ministro ordinato da un vescovo inserito nella successione «autentica». La conseguenza è che, al di là di consensi o dissensi (dei quali diremo) sull'interpretazione della Cena in quanto tale, quella celebrata nelle chiese evangeliche non è, secondo Roma, una vera e propria cena del Signore. Che cosa sia in effetti non è chiaro. Un puro nulla? Una cena di seconda categoria? Una semplice manifestazione di pietà? Oggi si esclude che si tratti di una sacrilega contraffazione del vero sacramento: ma, a rigore di ragionamento e date le premesse dalle quali Roma parte, anche tale conclusione potrebbe avere una sua perversa plausibilità.

Riassumendo: Roma nega che le chiese della Riforma siano apostoliche perché esse non avrebbero l'autentico ministero dell'apostolicità, quello episcopale nella sua successione «storica». Ciò fa sì che esse non dispongano, in generale, di un vero «ministero», dunque nemmeno di un'autentica cena del Signore. Anzi, esse non sono realmente «chiese».

Come risponde il protestantesimo a tale critica radicale? Semplicemente affermando che il criterio di autenticità del ministero (sia su base locale, sia su base più ampia) è costituito, ancora una volta, dal contenuto dell'annuncio e della celebrazione. La «successione apostolica» consiste nel predicare, nel celebrare e possibilmente nel vivere il messaggio degli apostoli.

L'ortodossia condivide, per molti aspetti, la visione cattolica romana. La grande differenza (a parte la questione del papato, che tratteremo tra poco) consiste nel fatto che esse hanno una visione del contenuto della fede cristiana e della chiesa che rende loro difficile accogliere la prospettiva dell'unità nella diversità. Dal punto di vista ortodosso, il pieno consenso nella stessa formulazione di tutte le affermazioni dottrinali è necessario perché vi sia comunione ecclesiale e, forse, anche perché si possa parlare di chiesa. Mentre dunque Roma sarebbe disposta a riconoscere l'autenticità ecclesiale delle chiese ortodosse, sono queste ultime a nutrire dubbi assai consistenti sul fatto che la chiesa romana sia effettivamente apostolica. A maggior ragione, ovviamente, gli ortodossi negano, come Roma, che quelle evangeliche siano effettivamente chiese di Gesù Cristo.

2. La portata del dissenso

Il dissenso sull'«apostolicità», che si evidenzia soprattutto per quanto attiene alla comprensione del ministero, non costituisce una differenza accanto ad altre. Esso è invece la principale pietra d'inciampo dell'odierno dialogo ecumenico, in quanto conduce a negare che uno dei partner di tale dialogo (quello protestante) sia costituito da chiese vere e proprie. Esso, cioè, è alla radice di quella che definiremmo l'«asimmetria» ecclesiologica tra il protestantesimo da una parte e Roma e l'ortodossia dall'altra. Le chiese evangeliche, pur ritenendo biblicamente fondata la propria comprensione della chiesa e del ministero, non hanno alcuna difficoltà di principio nel riconoscere anche nel cattolicesimo romano e nell'ortodossia espressioni legittime dell'unica vera chiesa di Cristo. Il protestantesimo, cioè, ha una comprensione «confessionale» della chiesa. La pienezza ecclesiale si esprime in forme specifiche, che non definiremmo «parziali» (come se a ciascuna mancasse qualcosa), bensì «prospettiche»: la pienezza ecclesiale, cioè, «sussiste» (per usare un termine importante sul quale torneremo) nelle singole chiese confessionali, ognuna delle quali la presenta con un profilo specifico e inconfondibile. È tale concezione, aperta alle altre, che rende possibile l'idea ecumenica centrale dell'unità nella diversità. Ciò ha come conseguenza che le chiese evangeliche non hanno difficoltà di principio nell'ammettere forme di «ospitalità eucaristica» nei confronti di credenti di altre confessioni, né a permettere la partecipazione dei propri membri alla cena del Signore celebrata in altre chiese.

Tradizionalmente, invece, l'ortodossia orientale ritiene di essere l'unica espressione piena della chiesa una, santa, cattolica e apostolica. Tale riconoscimento è negato non solo al protestantesimo, ma anche a Roma, in quanto le differenze che sussistono anche rispetto alla dottrina di quella chiesa sono tali, secondo gli ortodossi, da impedire la comunione. Le chiese ortodosse, di conseguenza, non accolgono i credenti cattolici (né, ovviamente, quelli evangelici) alla cena del Signore, né permettono ai propri membri di partecipare all'eucaristia cattolica (né, a maggior ragione, dal loro punto di vista, a quella evangelica). Roma adotta, salvo particolari eccezioni, la stessa prassi nei confronti delle chiese della Riforma, mentre ammetterebbe, per quanto dipende da lei, una «ospitalità eucaristica» nei confronti degli ortodossi.

La posizione cattolica romana è più sfumata. Il suo elemento centrale, che però costituisce anche la grande ambiguità di quell'ecclesiologia, può essere individuato nella storia di un'affermazione chiave del paragrafo 8 della Costituzione dogmatica sulla chiesa del Vaticano II, la *Lumen Gentium*. La bozza presentata all'assemblea affermava che l'unica chiesa di Cristo *est* la chiesa cattolica romana. In seguito al dibattito conciliare, l'*est* è stato sostituito dall'espressione *subsistit in*: la chiesa di Cristo confessata nel Credo, cioè, «sussiste nella» chiesa cattolica romana. Il senso dell'emendamento appare abbastanza chiaro: non si osa *affermare* che la chiesa di Cristo «sussista» anche altrove; nemmeno, però, lo si vuole *negare* e, di fatto, si apre la strada a ulteriori sviluppi. Non sono mancati i teologi cattolici che hanno inteso sfruttare in senso ecumenico tale spiraglio, sostenendo che la vera chiesa possa, almeno in linea di principio, sussistere anche altrove. L'interpretazione ufficiale del magistero romano, tuttavia, ha di fatto cancellato le potenzialità del testo conciliare, giungendo a volte a interpretare il *subsistit in* in senso così restrittivo da farlo coincidere, in pratica, con l'*est*. Le conseguenze sono chiarissime nei confronti delle chiese della Riforma e già le abbiamo mostrate: esse non sono ritenute chiese «in senso proprio». Nei confronti dell'ortodossia, la posizione romana è più sfumata: quelle ortodosse sono a tutti gli effetti vere chiese cristiane, anche se la mancanza della piena comunione con Roma, della quale esporremo tra poco le ragioni, fa sì che nemmeno esse abbiano quella che il cattolicesimo ama chiamare «la pienezza dei mezzi di salvezza», che sarebbe invece monopolio romano. Si può osservare che, dal punto di vista teologico, Roma afferma di essere in sintonia profonda con le chiese ortodosse: queste ultime si mostrano, al riguardo, più prudenti. Sembra però di poter dire che, anche dal punto di vista romano, la questione del papato sia di tale importanza da impedire una piena comunione ecclesiale anche con l'ortodossia.

La grande asimmetria ecclesiologica può dunque essere riassunta così: Roma e l'ortodossia hanno un'autocomprensione che esclude altre possibilità. Esse cioè non ci concepiscono come confessioni (espressioni prospettiche della chiesa di Gesù Cristo) bensì, con diverse sfumature, identificano se stesse con l'unica espressione storica della chiesa una, santa, cattolica e apostolica. Le chiese della Riforma, invece, si comprendono come espressioni della chiesa una, in linea di principio compatibili con altre.

3. UN «SERVIZIO PETRINO»?

Non solo le chiese, ma anche gli studiosi sono abbastanza divisi sulle origini della rivendicazione di un «primato» della chiesa di Roma e del suo vescovo sulle altre chiese. Non è qui possibile nemmeno sfiorare la complessità storica della questione. Ci limitiamo ad alcuni punti che, ci pare, incontrano un consenso assai ampio.

1. È da ritenersi molto probabile che Pietro sia stato a Roma e vi abbia subito il martirio.

2. Egli non è mai stato «vescovo» di Roma, anche perché la chiesa romana, nel I secolo e anche per un lungo periodo successivo, non è stata guidata da un unico vescovo, bensì da un collegio di vescovi o presbiteri. Il «monoepiscopato» (cioè il ministero di un unico vescovo) evolutosi poi come episcopato «monarchico» è giunto a Roma dall'Oriente e il suo grande teorico è, come si sa, Ignazio di Antiochia.

3. In un primo tempo, Roma si presenta come «la chiesa di Pietro e di Paolo»; in seguito il riferimento a Paolo scompare.

4. Fin dalle origini, quella romana è una chiesa assai importante e già alla fine del I secolo interviene, in prospettiva pastorale e pacificatrice, anche in questioni interne di altre comunità.

5. Con l'affermarsi anche a Roma dell'episcopato monarchico e con la rivendicazione primaziale della chiesa di Roma, inizia a configurarsi la problematica di un «primato» del vescovo di Roma.

6. Il celebre passo di Mt. 16,16-18 («Tu sei Pietro...») inizia a essere citato nel dibattito sul primato romano assai tardi, comunque non prima del III secolo.

7. La tarda antichità e il Medioevo vedono un'*escalation* impressionante della centralità e del potere del vescovo di Roma, potentemente incrementata, com'è ovvio, dalla nascita e dall'impetuoso sviluppo del potere temporale. Se l'autorità di un Leone Magno è legata ancora soprattutto al suo grande prestigio personale, da Gregorio VII a Innocenzo III si assiste allo sviluppo della potenza papale.

8. Un primato di giurisdizione (di governo) del vescovo di Roma viene definitivamente respinto all'inizio del II millennio dalle chiese d'Oriente.

9. Nel XIV secolo, si svolge, in Occidente, una grande battaglia per decidere se l'istanza suprema sia costituita dal papa o dal concilio. Dopo vicende alterne e quanto mai tumultuose, il «conciliarismo» viene sconfitto e il potere papale ne esce rafforzato.

10. Esso viene però contestato, con forti ragioni bibliche, dalla Riforma. Il rifiuto romano di discutere la possibilità di una drastica riforma della chiesa determina la separazione tra Roma e le chiese della Riforma.

11. Nell'età moderna, il papato diviene un organismo sempre più accentratore, fino all'esplosione del Concilio Vaticano I, che definisce dogmaticamente: a) il primato di giurisdizione del vescovo di Roma; b) la sua infallibilità (autonoma e non fondata sul consenso ecclesiale: *ex sese, non autem ex consensu ecclesiae*) quando parla *ex cathedra* (cioè con l'intento di definire autorevolmente una dottrina) su questioni di fede e di morale. La riflessione sulla «collegialità episcopale» del Vaticano II non modifica in nulla tale situazione, come si può vedere dal cap. III della *Lumen Gentium*.

Il papato come oggi lo conosciamo, dunque, è una creazione recentissima. Naturalmente, la dottrina romana ritiene che anche i dogmi del 1870 rappresentino l'esplicitazione di quanto è «cattolico», cioè, secondo la nota definizione di Vincenzo da Lerino (V secolo), di ciò che è sempre stato creduto, da tutti, dappertutto. Il meno che si possa dire, però, è che tale affermazione è alquanto audace. La storia e l'esercito italiano hanno eliminato, non mediante il dialogo ecumenico, bensì a colpi di cannone, una dimensione importante di questo processo evolutivo, cioè il potere temporale, dopo che chi lo deteneva lo aveva difeso con tutte le forze, sostenendo che fosse un indispensabile supporto della vocazione spirituale del vescovo di Roma. Oggi il cattolicesimo ritiene, per lo più, che il potere temporale fosse un ostacolo all'esercizio di un «ministero di unità» tra le chiese da parte del vescovo di Roma: i più ottimisti tra i cristiani ecumenicamente impegnati ipotizzano che, tra qualche secolo, anche altri aspetti della comprensione romana del papato possano evolversi in senso favorevole a una possibile unità della chiesa.

Le posizioni odierne delle tre grandi famiglie ecclesiali in merito al papato possono essere così riassunte. Roma sostiene le seguenti tesi.

1. Un «ministero di unità» tra le chiese, a livello universale, è necessario.

2. Tale ministero dev'essere esercitato dal vescovo di Roma in quanto egli sarebbe il successore di Pietro, la «pietra» sulla quale è edificata la chiesa.

3. In un'interpretazione che si vuole ecumenica (ne esistono altre, più oltranziste) tale servizio andrebbe concepito come una sorta di presidenza all'interno del collegio episcopale, cioè dell'insieme dei vescovi.

4. In ogni caso, non potrebbe trattarsi di un semplice «primato d'onore» (un primato «*inter pares*»), perché le definizioni dogmatiche del Vaticano I sono irreformabili. Primato di giurisdizione e infallibilità, dunque, rimarrebbero. Essi dovrebbero/potrebbero essere compresi «ecumenicamente», ma non è affatto chiaro che cosa ciò possa significare.

L'ortodossia non è sempre (ma non mancano voci più drastiche, su questo punto) pregiudizialmente contraria all'idea di un ministero di unità e alcune chiese ortodosse affermano che esso potrebbe essere svolto dal «patriarca di Occidente» (il vescovo di Roma, appunto): non però nel senso di un primato di giurisdizione, ma in quello di un «primato d'onore». Un recente documento, sottoscritto a Ravenna tra la chiesa cattolica e parte dell'ortodossia, riconosce appunto tale primato d'onore. Diversi esponenti cattolici tendono a far passare tale affermazione come una sorta di riconoscimento ortodosso del papato. Ciò è, semplicemente, falso: «papato» nell'accezione romana significa infatti anche, e anzi primariamente, primato di giurisdizione. Inoltre il documento di Ravenna non è stato sottoscritto da tutte le chiese ortodosse.

Anche le chiese evangeliche non hanno difficoltà a riconoscere che un «ministero (umano) di unità» possa essere utile nella chiesa universale: *possa* essere *utile*, non *sia necessario*. Nelle chiese neotestamentarie, ad esempio, nessuna chiesa, nemmeno quella di Gerusalemme, riteneva di detenere un primato. Ciò non ha impedito la comunione, creata e garantita dalla presenza del Risorto nella potenza dello Spirito. Quello del Dio trinitario è l'unico ministero di unità realmente indispensabile.

Tuttavia, appunto, anche un ministero umano di tal genere potrebbe avere, in linea di principio, una sua utilità. Il fatto però che esso sia ritenuto non una possibilità, bensì un'espressione della volontà di Dio stesso (*de jure divino*, come si dice), è più che problematico per i protestanti. Ma per Roma non è solo il ministero di unità in quanto tale a essere voluto da Dio, bensì anche e proprio la specifica forma di tale ministero costituita dal papato. Dev'essere cioè un ministero personale, e non collegiale, e dev'essere svolto dal vescovo di Roma, per le ragioni che abbiamo esposto. Le obiezioni evangeliche sono le seguenti.

1. Che il vescovo di Roma sia il «successore di Pietro» non è vero storicamente, né sensato teologicamente: il ruolo di Pietro non prevede, secondo il Nuovo Testamento, alcuna successione: definire «petrino» il ministero del papa costituisce un abuso.

2. La forma che il ministero del vescovo di Roma ha assunto nei secoli è il frutto di un processo storico che non può semplicisticamente essere identificato con la volontà di Dio: divinizzare la storia, anche quella della chiesa (di *una espressione* della chiesa, per la precisione) non è semplicemente pericoloso, è eretico.

3. Di fatto, il papato ha costituito un elemento di divisione tra le chiese, assai più che di unità: divisione tra Oriente e Occidente, in Occidente tra le chiese sviluppa-

tesi dalla Riforma e quella nata dalla Controriforma (tale è infatti il cattolicesimo romano degli ultimi cinquecento anni); e spesso anche all'interno del cattolicesimo romano, dove il papato ha esercitato una funzione repressiva che non può sfuggire a un'osservazione anche superficiale.

Dal punto di vista protestante, dunque, il papato costituisce un'istituzione confessionale della chiesa romana. Se esso possa svolgere una funzione ecumenica e in quali termini è questione talmente prematura che affrontarla ora, come se fosse quella decisiva, costituisce di per sé un ostacolo allo sviluppo del dialogo ecumenico. Il fatto stesso, cioè, che la questione del papato (e lo stesso vale, più in generale, per quella dei ministeri) sia considerata l'elemento sul quale la comunione ecclesiale sta o cade, è problematico. Alla centralità del Dio trinitario si sostituisce, in tal modo, la centralità della chiesa e di una delle sue strutture, che è esattamente quanto la Riforma ha inteso evitare.

7

I SACRAMENTI: CHE COSA SONO
E QUANTI SONO?

Quello dei sacramenti costituisce un terreno tradizionale di controversia tra le chiese. Nelle pagine che seguono, si cercherà di illustrare la possibilità di principio di un significativo avvicinamento tra le diverse chiese, almeno in ambito occidentale. Per quanto riguarda l'ortodossia, essa mantiene, nell'attuale fase, uno scetticismo piuttosto radicale nei confronti dell'insieme del cammino ecumenico, e il tema sacramentale non costituisce un'eccezione. Suddivideremo la trattazione di questo tema in tre capitoli: il primo sarà dedicato al concetto di sacramento e alla questione del numero di tali gesti; il secondo al battesimo; il terzo alla Cena del Signore.

1. CHE COSA È UN SACRAMENTO?

Il termine latino *sacramentum* traduce il greco *mysterion*, che però, nel Nuovo Testamento, non è mai utilizzato per indicare i gesti simbolici della chiesa che poi hanno assunto tale nome. Né gli scritti apostolici conoscono un termine complessivo che comprenda il battesimo e la cena del Signore (per tacere degli altri riti che alcune chiese chiamano «sacramenti»). Una vera e propria teologia sacramentale è sviluppata solo a partire da Agostino, nell'ambito di una teoria generale del rapporto tra i «segni» e le realtà da essi indicate (significati). Un'espressione del vescovo di Ippona diverrà cruciale in tutta la riflessione della chiesa occidentale su questo punto: *accedit verbum ad elementum, et fit sacramentum*. Il sacramento, cioè, sarebbe l'evento costituito da una realtà materiale (l'elemento), che riceve portata significante mediante il fatto di essere associato alla parola di Dio, nella forma di una precisa testimonianza biblica. Naturalmente non ogni «segno» può diventare sacramento: nella riflessione teologica, si sottolinea l'importanza di un'«istituzione» da parte di Gesù stesso. Perché si dia il sacramento, cioè, è essenziale che il Signore abbia manifestato la volontà di associare la promessa esplicita della propria presenza a determinati segni. In questa prospettiva è chiaro che battesimo e cena del Signore rivestono un'importanza particolare.

Il sacramento rende presente, in modo specifico, il Signore stesso. Naturalmente egli è presente dove e quando vuole: la tradizione cristiana ritiene tuttavia che al sacramento sia associata una promessa particolare, che conferisce a tale gesto un ruolo in qualche modo parallelo a quello della predicazione orale della parola di Dio. Il sacramento è considerato un «mezzo di grazia».

Già nel Medioevo si manifesta un dissenso che poi si riproporrà ripetutamente nella storia della chiesa. L'espressione di Agostino che abbiamo menzionato viene cioè interpretata in due modi divergenti. Alcuni sottolineano che, nel sacramento, la grazia è presente in modo «reale». Altri tendono a considerare il gesto sacramentale prevalentemente come simbolo: la grazia, cioè, sarebbe «indicata», non propriamente «contenuta» nel sacramento. Sempre nel Medioevo si consolida, e viene codificata, la tradizione che fissa in sette il numero dei sacramenti: oltre al battesimo e alla cena del Signore vi sarebbero: la cresima o confermazione, la penitenza, l'unzione degli infermi, l'ordine (cioè la consacrazione dei ministri di culto) e il matrimonio. Non è difficile constatare che, a parte forse il caso della penitenza, individuare nella prassi e nella predicazione di Gesù l'«istituzione» di questi altri sacramenti è, se non altro, più problematico che nel caso del battesimo e della Cena.

La Riforma protestante intende reagire a una tendenza, manifestatasi nei secoli precedenti, a sottolineare la dimensione rituale e quasi «automatica» del sacramento. Su un punto, la Riforma è in chiara continuità con la tradizione precedente: la realtà e l'efficacia del sacramento dipendono essenzialmente dalla grazia di Dio e non dalla qualità morale del ministro celebrante: anche un eretico e un immorale possono «validamente» celebrare i sacramenti. Essi sono efficaci anche se ricevuti indegnamente: in tal caso, però, la loro efficacia può esprimersi in forma di condanna anziché di beneficio, come afferma Paolo a proposito della Cena (cfr. I Cor. 11,27). I riformatori, però, intendono collegare, in modo assai più stretto rispetto alla teologia precedente, la celebrazione del sacramento e la predicazione della parola. Il sacramento è esso stesso un evento della parola, un *verbum visibile*, in termini agostiniani. Mentre però Lutero sottolinea il fatto che Cristo è realmente presente nella celebrazione sacramentale, Zwingli si inserisce nella linea che privilegia l'aspetto simbolico, il che porterà, nel 1529, a una rottura sulla questione della Cena. Calvino intende riprendere le intenzioni di Lutero, evidenziando al tempo stesso che il gesto sacramentale va collegato all'azione dello Spirito e che il «realismo» caro a Lutero dev'essere difeso senza però considerare il sacramento come una sorta di prolungamento dell'incarnazione. La posizione di Calvino è meno distante da quella di Lutero di quanto le rispettive tradizioni, luterana e calvinista appunto, sosterranno. Di fatto, però, le divergenze tra luterani e riformati su questo punto saranno, storicamente, quasi altrettanto consistenti di quelle tra protestanti nel loro insieme e cattolici romani. Su questo secondo fronte, il contenuto di dissenso confessionale può essere schematizzato come segue.

1. Da parte cattolica si intende sottolineare la realtà «sostanziale» del sacramento, il fatto cioè che la grazia

non consiste in una mera dichiarazione, bensì nell'intervento concreto della potenza di Dio. L'insistenza evangelica sulla dimensione della parola suscita il sospetto di dissolvere la concretezza della grazia e di legare l'efficacia del sacramento alla comprensione intellettuale del suo significato. Questa è naturalmente utile, anche nella prospettiva cattolica, ma non decisiva: il sacramento agisce per il fatto stesso di essere celebrato, *ex opere operato*.

2. Lutero, da parte sua, non esprime convinzioni profondamente diverse: ma le esprime *in modo* diverso. Dal suo punto di vista, la parola di Dio è sommamente reale e concreta. Cristo è presente nella parola in termini insuperabili: nulla quindi è tolto alla dimensione della realtà. Egli ritiene, tuttavia, che la prospettiva romana sia esposta al rischio di un automatismo sacramentale che, anche quando non sconfini nella magia, non metta sufficientemente in luce il rapporto tra celebrazione sacramentale e predicazione.

3. In ambito riformato, il simbolismo zwingliano rappresenta, in effetti, una posizione piuttosto estrema. Assai più equilibrata quella di Calvino che, rispetto a Lutero, pone un'enfasi maggiore sul ruolo dello Spirito.

Circa il numero dei sacramenti, la Riforma non formula affermazioni assolute. Il tradizionale numero di sette viene però rifiutato, in quanto non appare semplice rinvenire un'«istituzione» da parte di Gesù almeno nel caso della confermazione, dell'unzione degli infermi (che però è menzionata in Giac. 5,14) e del matrimonio: questi sono riti della chiesa (*anche* della chiesa, per quanto riguarda il matrimonio) che hanno uno status diverso e meno centrale rispetto ai sacramenti. A volte, nell'elenco dei gesti sacramentali, compaiono la penitenza e anche l'ordinazione al ministero. Prevale però, per poi consolidarsi, l'idea di considerare come sacramenti solo il battesimo e la cena del Signore.

Dopo una contrapposizione durata secoli, il dibattito ecumenico della seconda metà del Novecento ha evidenziato alcuni elementi che potrebbero preludere almeno alla *possibilità* di un consenso. Per quanto riguarda la struttura del sacramento, i punti sui quali ci si può dire d'accordo sono: 1) il sacramento rende presente la grazia di Dio in Gesù Cristo; 2) ciò avviene nella potenza dello Spirito santo. I protestanti non dovrebbero temere l'insistenza cattolica romana sulla dimensione del *realismo*: così com'è realmente presente nella parola, Cristo è realmente presente nella celebrazione sacramentale. Anche la nozione di simbolo potrebbe qui essere utilmente recuperata: il simbolo, infatti, se inteso in senso pregnante, può costituire una modalità di presenza. Interpretata *in bonam partem*, l'intenzione evangelica, anche riformata (almeno se ci si riferisce a Calvino) non risiede nel negare la consistenza reale della presenza di Cristo (perché mai bisognerebbe sostenere una presenza «irreale», immaginaria?), bensì nel proteggere il sacramento da una sorta di «cosificazione», di indebita materializzazione (a tratti tale da sconfinare nelle vicinanze della superstizione) della grazia. Il cattolicesimo, da parte sua, potrebbe utilmente rinunciare al sospetto nei confronti dell'idea del *verbum visibile*: nella comprensione protestante, infatti, l'annuncio della parola non si riduce a una comunicazione di contenuti concettuali, bensì è l'evento dell'irruzione di Dio nella vicenda storica. Ciò accade nella predicazione orale e nella celebrazione dei sacramenti. Accade, del resto, che la teologia cattolica parli della predicazione orale come di un *sacramentum audibile*. Le due espressioni – *sacramentum audibile* per la predicazione e *verbum visibile* per il sacramento – esprimono due diverse sensibilità. Quella cattolica «sostanzialista», «ontologica», tesa a sottolineare la dimensione oggettiva della grazia; quella protestante relazionale, comunicativa, concentrata sulla dimensione dinamica della stessa realtà. Tali diverse sensibilità sono necessariamente alternative? A nostro giudizio, no. Diversa è, effettivamente, la linea zwingliana radicale. Essa è rappresentata, nella teologia protestante del Novecento, soprattutto da Karl Barth, il quale colloca i sacramenti più dalla parte dell'essere umano che da quella di Dio. Essi costituirebbero, cioè, la risposta umana alla grazia e si inquadrerebbero dunque nella sfera dell'etica. Tale proposta, nell'attuale discussione ecumenica, non incontra consenso. Di fronte alle affermazioni bibliche sul battesimo e sulla cena del Signore, ci si può anche chiedere se essa ne rifletta davvero la ricchezza. Preferirei utilizzare la tesi barthiana come richiamo al fatto che i sacramenti (come del resto la predicazione) *rinviano* all'etica: la grazia, infatti, è l'azione di Dio che non esclude, bensì al contrario suscita, l'azione umana.

2. QUANTI SONO I SACRAMENTI?

Anche sul numero dei sacramenti permane un certo dissenso, che però non appare decisivo. Da parte cattolica si sottolinea oggi che la ricerca biblica ha mostrato che, anche nel caso del battesimo e della Cena, l'«istituzione» da parte del Signore si fonda su testi che non possono essere attribuiti al Gesù della storia: in un caso (Mt. 28,1-20, il mandato battesimale) si tratta di parole del Risorto; in un altro (il «fate questo in memoria di me») siamo probabilmente in presenza di un riflesso della prassi liturgica della chiesa delle origini. In entrambi i casi dunque, così si dice, abbiamo a che fare non tanto con il Gesù della storia, quanto con l'interpretazione ecclesiale del messaggio di Gesù. Poiché tale è anche il caso degli altri sacramenti, prosegue l'argomentazione, anch'essi, e per le stesse ragioni, possono essere riferiti a Gesù.

L'argomento appare, detto francamente, alquanto capzioso. Checché ne sia del Gesù ricostruito storicamente, infatti, è evidente che il Nuovo Testamento riferisce battesimo e cena del Signore alla volontà del Cristo. Essi hanno quindi un significato del tutto particolare, che non può essere messo sullo stesso piano degli altri. Del resto, l'espressione *sacramenta maiora*, propria della tradizione cattolica, afferma la stessa cosa. La tesi cattolica relativa al fondamento neotestamentario dei propri sette sacramenti è solidale con l'idea di considerare la chiesa stessa come sacramento fondamentale, del quale tutti gli altri sarebbero specificazioni. Difficile però pensare che in tal modo, cioè «sacramentalizzando» la chiesa, si possano risolvere le controversie. Si rischia, anzi, di complicarle.

Riassumendo: da parte protestante non sussistono obiezioni decisive a che Roma continui a chiamare «sacramenti» anche gli altri cinque, purché si riconosca lo statuto assolutamente particolare di battesimo e Cena. Si chiede che, da parte cattolica, si accetti un diverso uso linguistico nelle chiese evangeliche, senza pretendere di imporre il numero di sette sacramenti come condizione per la comunione.

Una considerazione finale sul punto con il quale abbiamo iniziato, cioè il *termine* sacramento. Come si è detto, il suo uso corrente, e diffuso in tutte le chiese, è filologicamente problematico. Da parte evangelica, sono state spesso proposte delle alternative. C'è chi parla di «segni»: nulla osta a tale espressione, tranne il fatto che per molti, non solo cattolici romani, essa è esposta a un'interpretazione eccessivamente «simbolista». Uno degli autori di questo volume ha proposto l'espressione «gesti della grazia». Il problema più importante è però il seguente: il Nuovo Testamento autorizza l'utilizzazione di un termine riassuntivo per battesimo e cena del Signore? Risponderemmo in modo differenziato. In prospettiva teologicamente rigorosa, non è necessario coniare un concetto del genere se gli scritti neotestamentari non lo conoscono; non è nemmeno vietato, tuttavia. Battesimo e cena del Signore hanno in comune una dimensione materiale e una dimensione simbolica ed è per tale ragione che la tradizione li ha sussunti sotto un unico concetto. Ciò che andrebbe evitato è la prassi, fino a poco tempo fa corrente nel cattolicesimo, di *dedurre* la teologia del battesimo e quella della Cena (e naturalmente quella degli altri riti sacramentali) dalla visione generale del sacramento. Il termine «sacramento», o altri che svolgano la stessa funzione, può essere usato per motivi di comodità e per meglio raccordarsi alla tradizione (così fanno anche i riformatori, che in diverse opere importanti hanno anche un capitolo sui «sacramenti in generale»). La teologia del battesimo e della Cena, tuttavia, non è la conseguenza della riflessione sul «sacramento in generale» bensì, eventualmente, il suo presupposto.

8

IL BATTESIMO

1. L'AFFERMAZIONE DEL BATTESIMO DEI FANCIULLI

Le differenze manifestatesi nella storia del pensiero cristiano a proposito del concetto di sacramento riguardano evidentemente anche il battesimo: tuttavia, fino al XVI secolo, la discussione su questo gesto della grazia ha diviso la chiesa assai meno di quanto sia accaduto a proposito della cena del Signore. Per quanto ne sappiamo (assai poco, per la verità), la grande svolta relativa alla comprensione del battesimo, tra il III e il V secolo, è avvenuta in modo non traumatico. Nel Nuovo Testamento e nella chiesa dei primi secoli, è evidente che il battesimo è compreso come rito penitenziale che segna l'ingresso nella comunità. Il credente, dopo aver accolto l'annuncio e svolto un percorso catechetico, «muore al peccato» e rinasce, come nuovo essere umano, nella comunità. Il battesimo è inteso come evento di grazia, e dunque azione di Dio, che ha però carattere responsoriale, chiama a una confessione della fede e a un impegno alla novità di vita. Che si tratti dunque di battesimo dei credenti è del tutto implicito nella struttura stessa del gesto. Il primo grande dibattito non riguarda tanto il battesimo, quanto la possibilità di concedere il perdono dei peccati qualora, dopo il battesimo, chi lo ha ricevuto pecchi nuovamente in modo grave (omicidio, adulterio, apostasia: il problema è costituito soprattutto da questo terzo peccato, in tempo di persecuzione); com'è noto, la chiesa decide di introdurre una prassi penitenziale, severissima, in vista della riammissione di chi è «caduto». La transizione al battesimo dei fanciulli è favorita da due fattori. Il primo, sociologico, consiste nel fatto che il cristianesimo diviene la religione ufficiale dell'impero: la chiesa tende a coincidere con la società e l'ingresso nell'una segna anche l'inserimento nell'altra. Il secondo elemento, teologico, è costituito dalla dottrina agostiniana del peccato originale, inteso come colpa che si trasmette ereditariamente, dai progenitori dei quali parla Genesi 3 fino a noi. Il battesimo viene compreso come evento che, se non cancella tutte le conseguenze del peccato d'origine, almeno elimina quelle peggiori, cioè la separazione da Dio; si considera quindi opportuno anticiparne la celebrazione il più possibile, onde evitare che il bimbo muoia senza poter accedere allo «stato di grazia». Come s'è detto, la teologia battesimale della chiesa non conosce grandi traumi fino all'epoca della Riforma.

2. La critica anabattista

La teologia di Lutero, centrata sul richiamo alla Scrittura e sul primato della fede, determina obiettivamente una tensione con la prassi del battesimo dei bambini, in quanto questi ultimi, evidentemente, non sono in grado di confessare la fede stessa. Il riformatore, tuttavia, si attiene rigorosamente alla tradizione pedobattista e la collega all'idea di grazia preveniente: il battesimo dei fanciulli, cioè, sarebbe il segno del fatto che la grazia di Dio agisce indipendentemente dalla volontà umana. La tesi è indubbiamente suggestiva: va però rilevato che il Nuovo Testamento non collega mai la grazia preveniente al battesimo. Proprio la centralità del messaggio scritturale, sottolineata dalla Riforma, è al centro della contestazione del battesimo dei fanciulli che si verifica ad opera di

riammissione

gruppi dissidenti all'interno del campo evangelico, in alcuni cantoni della Svizzera tedesca (anzitutto Zurigo, San Gallo, Sciaffusa) e nella Germania centrale. Essi sottolineano la prassi neotestamentaria del battesimo dei credenti. La loro azione si collega in un primo tempo alle lotte contadine del 1524-25, che fanno proprie, in prospettiva rivoluzionaria, le tesi riformatrici del primato della Scrittura e del sacerdozio universale dei credenti, proponendo un cristianesimo popolare, socialmente rivoluzionario e assai poco propenso a sostituire il magistero della gerarchia ecclesiastica con quello dei pastori teologicamente formati. Dopo la sconfitta del movimento contadino, nel 1525, i gruppi dissidenti si organizzano come comunità non violente, intenzionate alla pratica della lettera del Sermone sul monte e alla contestazione radicale della società cristiana. Nel 1525, a Zurigo, viene celebrato il primo battesimo dei credenti. La reazione dei riformatori è assai dura. Sul piano teologico, essi cercano di difendere il battesimo dei fanciulli sulla base dei seguenti argomenti: a) la già menzionata grazia preveniente; b) il fatto che il battesimo dei fanciulli non è esplicitamente vietato dal Nuovo Testamento e che la menzione del battesimo di intere «famiglie» includerebbe i bambini; c) Zwingli e poi Calvino sviluppano una teologia del «patto» che vede il battesimo neotestamentario in continuità con la circoncisione dell'Antico Testamento, come segno dell'ingresso nel popolo dell'alleanza. È significativo che, nel caso del battesimo, le notevoli differenze fra la teologia battesimale di Lutero (battesimo come vero evento di grazia, «parola di Dio nell'acqua») e quella di Zwingli (battesimo come «segno») retrocedano di fronte al comune rifiuto delle tesi anabattiste; e questo nonostante si possa almeno supporre (manca una documentazione scritta diretta) che Zwingli, nei suoi primi anni a Zurigo (1519-22) avesse, nella sua predicazione, criticato il battesimo dei fanciulli con argomenti scritturali. Gli anabattisti («ribattezzatori»: termine coniato dai loro avversari) rispondono che: 1) la gra-

zia preveniente è indipendente dal battesimo; 2) il fatto
che il battesimo non sia vietato non prova nulla: nemmeno lo è, afferma Bathasar Hubmaier, il battesimo dei cam-
melli; e in nessun passo neotestamentario il battesimo
dei fanciulli è esplicitamente menzionato; 3) il Nuovo
Testamento non presenta affatto il battesimo come cor-
rispondente cristiano della circoncisione.

Si tratta di una discussione violenta, che però non è
soltanto, né principalmente, teologica, in quanto il movimento anabattista viene brutalmente represso: non solo dai riformatori, ma anche dai cattolici romani, che lo
considerano il frutto marcescente dell'eresia evangelica.
La persecuzione degli anabattisti costituisce «l'attività
ecumenica più praticata del XVI secolo» (P. Ricca).

Dopo il tragico tentativo di costituire con la violenza
una sorta di regno apocalittico anabattista nella città di
Münster, e la dura repressione che ne deriva (1535), il
movimento risorge, in prospettiva rigorosamente pacifi-
sta, ad opera dell'ex sacerdote Menno Simons. La chiesa mennonita, sempre minoritaria e spesso duramente
perseguitata, è presente oggi ancora soprattutto in Nord-
america, dove rende un'importante testimonianza di passione per il discepolato vissuto e per l'impegno pacifi-
sta.

La bandiera del battesimo dei credenti viene però te-
nuta alta, a partire dal secolo XVII, soprattutto dalle chiese battiste, derivanti da un'ala radicale del puritanesimo
inglese; essa è poi ripresa da diversi movimenti legati al
cosiddetto «risveglio» evangelico, europeo e nordameri-
cano; nel Novecento, si assiste all'esplosione dei movimenti pentecostali, anch'essi legati al battesimo dei credenti: è verosimile che, nel prossimo futuro, la maggioranza del cristianesimo di matrice evangelica sarà costituito da questo tipo di chiese.

3. PROSPETTIVE ECUMENICHE

Il fatto che la maggior parte delle chiese che nel XX secolo si sono impegnate nell'ecumenismo condividano una prassi pedobattista ha fatto sì che, nonostante le profonde differenze teologiche, almeno tra cattolicesimo e protestantesimo si pratichi, in linea di massima, un fondamentale riconoscimento reciproco del battesimo: ciò significa, ad esempio, che in caso di passaggio da una all'altra delle due famiglie ecclesiali, il battesimo in precedenza ricevuto non dovrebbe essere ripetuto. Anche su questo punto, le chiese ortodosse sono state in passato, e in parte sono tutt'ora, meno disponibili. Nel secondo dopoguerra, una certa apertura nei confronti delle argomentazioni dei sostenitori del battesimo dei credenti si è diffusa anche in chiese protestanti tradizionalmente pedobattiste e in particolare in alcuni ambienti riformati europei.

Il confronto ecumenico sul battesimo assume nuova importanza per il fatto che la menzionata espansione delle chiese pentecostali fa sì che già ora, e ancor più nel prossimo futuro, la maggioranza dei cristiani di matrice evangelica rifiuti il battesimo dei fanciulli. Poiché però il pentecostalismo non intende per lo più, oggi ancora, partecipare al movimento ecumenico, il dibattito su questo tema si svolge prevalentemente con le chiese battiste. Esse non possono, in base ai loro presupposti, riconoscere quello dei fanciulli come un battesimo cristiano e dunque, nel caso un battezzato da bambino aderisca a una chiesa battista viene spesso (non sempre: non tutte le chiese battiste attribuiscono importanza decisiva a questo punto) ribattezzato. Da parte loro, le chiese di tradizione pedobattista non hanno alcuna difficoltà a riconoscere il battesimo dei credenti: esse desidererebbero però che anche i loro membri fossero riconosciuti dalle chiese battiste come credenti battezzati. Per quanto riguarda le chiese evangeliche di tradizione pedobattista, esse ritengono, come si è visto a suo tempo, che un fondamentale consenso sul contenuto della predicazione e sulla corretta celebrazione dei sacramenti costituisca il presupposto per una piena comunione ecclesiale. Poiché tale consenso non sussiste nei confronti delle chiese battiste per quanto attiene al battesimo, con tali chiese il protestantesimo di tradizione pedobattista non si ritiene in piena comunione ecclesiale. Per la verità, ciò non impedisce, in molti casi, che si pratichi la cosiddetta «ospitalità eucaristica» o anche una vera e propria «celebrazione comune» della cena del Signore (vedi capitolo successivo). Si tratta di un'incoerenza, benché felice. Essa indica che, in realtà, sussiste nelle chiese evangeliche la consapevolezza di un elevato grado di comunione, che però non ha ancora trovato una corretta espressione teologica per quanto riguarda questo importante elemento della dottrina battesimale. Certo, l'incoerenza è abbastanza vistosa, da *entrambe* le parti. Per quanto attiene alle chiese di tradizione pedobattista, esse affermano di *non* poter stabilire una piena comunione con quelle battiste, perché appunto queste ultime non riconoscono il battesimo celebrato dalle prime. Tuttavia si condivide la Cena; c'è anche, almeno in Europa, un reciproco riconoscimento dei ministeri; e si afferma di riconoscere nell'altra chiesa un'espressione legittima della chiesa una, santa, cattolica e apostolica. Ma che cosa può mai essere, in prospettiva protestante, la comunione ecclesiale, se non appunto l'insieme di questi tre elementi? Per quanto riguarda le chiese battiste, esse parlano senza difficoltà di comunione ecclesiale con le chiese pedobattiste e, anzi, tendono a considerare formalista e dottrinaria l'esigenza delle altre relativamente a un consenso anche sui sacramenti. Piena comunione, dunque, e pieno riconoscimento. Solo che, per i battisti, i membri delle altre chiese, benché cristiani, *non* sono battezzati. Secondo i *battisti*, è possibile dunque una piena comunione con dei *non battezzati*. La stranezza, ed è un eufemismo, di tale situazione non può, crediamo, sfuggire ad alcuno.

Una possibile soluzione è stata proposta da un teologo battista inglese, P.S. Fiddes. Si tratta di questo: i battisti, secondo Fiddes, potrebbero riconoscere come cristiani battezzati i credenti che, battezzati da fanciulli, hanno in seguito confessato la loro fede di fronte alla chiesa, in quella che viene chiamata «confermazione». In tal modo *non* verrebbe riconosciuto il battesimo dei fanciulli in quanto tale, che i battisti continuano (con molte buone ragioni) a considerare problematico; si riconoscerebbe, invece, l'insieme del «processo di iniziazione», o meglio il suo esito, cioè la realtà di una persona cristiana, battezzata, che ha confessato la fede. I due elementi considerati essenziali (battesimo d'acqua e confessione di fede) sono infatti presenti in entrambi i casi; solo, per chi è battezzato da fanciullo, non coincidono cronologicamente. La proposta di Fiddes sembra soddisfare tutte le esigenze di un cammino ecumenico e permetterebbe un pieno riconoscimento reciproco nel permanere della diversità. Per le chiese di tradizione pedobattista, essa risulta perfettamente accettabile. Purtroppo essa non ha, ad oggi, incontrato il consenso di *tutte* le chiese battiste. L'attuale situazione ecumenica a proposito del battesimo è dunque alquanto paradossale: vi è un riconoscimento praticamente completo tra cattolici e protestanti; la posizione ortodossa è a tratti più ambigua, ma nell'insieme non priva di elementi di apertura: tuttavia anche tra chiese che si riconoscono unite nel battesimo non vi è comunione eucaristica. Al contrario, tra le chiese protestanti di tradizione pedobattista e le chiese battiste (diverso, già lo si è detto, è il caso delle chiese pentecostali e di altre chiese evangeliche «libere») vi è comunione eucaristica pur in mancanza di una comunione nel battesimo. La fantasia delle comunità cristiane in fatto di produzione di divisioni è davvero sbrigliata.

Mentre il dialogo ecumenico prosegue, non è forse fuori luogo ricordare che, all'interno delle chiese di tradizione pedobattista, sarebbe comunque salutare proseguire la riflessione critica sul battesimo dei fanciulli. In particolare le chiese evangeliche non dovrebbero permettersi di transitare indifferenti di fronte alla testimonianza biblica. Non si tratta di fare una battaglia sui singoli versetti. È la struttura stessa dell'evento battesimale, così come il Nuovo Testamento la presenta, a porre domande molto serie alla tradizione pedobattista. È vero o no che il battesimo *comprende* (anche se *non coincide* con essa) la risposta a una domanda, riferita alla sussistenza o meno della fede cristiana? È vero o no che tale domanda è rivolta al battezzando? È vero o no che invece, nel caso del battesimo di un fanciullo, risponde qualcun altro (i genitori o chi per essi)? E come si affronta tale incongruenza? È vero o no che il battesimo neotestamentario è legato a un mutamento di vita, all'assunzione dell'impegno al discepolato? E che ne è di tale impegno nel caso del battesimo dei fanciulli? Non sono domande che la teologia evangelica possa permettersi di rimuovere.

9

LA CENA DEL SIGNORE

L'uso delle comunità cristiane di celebrare un pasto rituale in memoria di Gesù e nella fede nella sua presenza è documentato già in strati molto antichi del Nuovo Testamento: Paolo, in I Corinzi 11, si rifà a una tradizione già consolidata. Mentre però il consenso sulla originaria centralità della cena del Signore nella prassi liturgica cristiana è generale, le dispute sul modo di intenderla sono molto precoci e mai sopite. La prima coincide appunto con la più antica testimonianza relativa al rito[1], quella, già citata, di I Corinzi 11. Da quanto afferma Paolo, pare che alcuni membri della comunità, probabilmente i più abbienti, celebrassero la cena del Signore, costituita da un vero e proprio pasto comunitario, senza aspettare quanti arrivavano più tardi. Costoro, a quanto è dato di capire, erano persone socialmente svantaggiate, schiavi o comunque lavoratori subordinati, impossibilitati a disporre liberamente del proprio tempo: giunti alla celebrazione, essa era già conclusa e i cibi già consumati. Il gesto della comunione si tramutava dunque nel simbolo del permanere delle divisioni sociali all'interno della comunità. Secondo Paolo, una simile prassi costituisce una vera e propria profanazione.

Nel corso della storia della chiesa, tuttavia, la discussione sulla Cena si è concentrata su aspetti diversi, tra i quali due hanno assunto particolare rilevanza e oggi an-

---

[1] Ricordiamo che gli evangeli sono cronologicamente successivi alle lettere di Paolo, anche se si rifanno anch'essi a tradizioni spesso molto antiche.

cora sono al centro della discussione ecumenica. Si tratta del modo di comprendere la presenza di Cristo nella celebrazione e dell'uso della categoria di «sacrificio» per indicarne il rapporto con il nucleo cristologico della fede.

1. PRESENZA REALE?

Ambrogio di Milano (IV sec.) è probabilmente il primo a interpretare le parole attribuite a Gesù – «questo è il mio corpo», «questo è il mio sangue» – come indicazione di una vera e propria trasformazione del pane e del vino nel corpo e nel sangue di Gesù. Il suo discepolo Agostino, per contro, sottolinea maggiormente la potenza della parola che agisce insieme agli elementi. Egli presenta la Cena come parola visibile, sottolineandone l'aspetto di comunicazione. Sarebbe naturalmente sbagliato proiettare all'indietro sui due grandi padri antichi le dispute successive: si può tuttavia affermare che le loro rispettive teologie indicano le due grandi linee interpretative che si contrappongono nella storia.

Nel Medioevo, si assiste per due volte, nel IX e nel X secolo, allo scontro tra un'interpretazione «realista» e una «simbolica» della Cena: da una parte si intende sostenere la tesi ambrosiana della trasformazione degli elementi nel corpo e nel sangue del Signore; dall'altra si insiste sul fatto che pane e vino costituiscono una forma di linguaggio simbolico mediante il quale lo Spirito santo rende figurativamente presente il Signore nella sua comunità. Il dibattito conduce al prevalere della linea «realista», che viene sancita dal IV Concilio del Laterano (1215), il quale adotta il termine «transustanziazione». Occorre tuttavia sottolineare che ci si limita, in questa fase, a indicare che la presenza del Signore va intesa in termini realistici e non puramente simbolici. Sarà Tommaso d'Aquino a utilizzare la categoria nel quadro di una lettura del sacramento il termini aristotelici: il sacerdote, pronunciando le parole di Gesù, opera una trasformazione della «sostanza» (cioè di quanto è costitutivo della realtà) del pane e del vino in quella del corpo e del sangue di Cristo; gli «accidenti», per contro (cioè le apparenze esterne), permangono immutati. Di fatto, l'interpretazione tomista finisce per godere dell'autorità dogmatica che il Lateranense IV aveva conferito al termine «transustanziazione». Non mancano però, anche nei secoli successivi, voci critiche nei confronti di Tommaso. In particolare la scuola francescana (Giovanni Duns Scoto, Guglielmo di Ockham) ritiene più semplice e più aderente al testo biblico l'idea di una compresenza della sostanza del pane e del vino con quella del corpo e del sangue di Cristo («consustanziazione», come si dirà in seguito). Esattamente in questa linea si muove anche Lutero. Egli accetta e sostiene il realismo della tradizione, ma ritiene che il concetto di «transustanziazione» non sia il più adatto per descriverlo teologicamente. Il fatto poi che esso sia ritenuto l'unico possibile, e come tale introdotto nel dogma della chiesa, costituisce a suo avviso un vero e proprio abuso.

Zwingli, per parte sua, si inserisce nella linea «simbolica»: pane e vino vanno intesi come segni della presenza spirituale di Cristo nella comunità. Tra Lutero e il riformatore di Zurigo si accende una disputa assai vivace. A rigor di termini, essa non riguarda la «realtà» della presenza del Signore nella Cena, poiché anche la presenza «spirituale» sostenuta da Zwingli potrebbe essere detta «reale», dato che lo Spirito è appunto, ed eminentemente, realtà. Si tratta, invece, della presenza della *natura umana* di Cristo nel pane e nel vino. Che Cristo sia presente nella sua natura divina, è fuori discussione. Ma lo è anche nella sua natura umana? Lutero lo afferma, Zwingli lo nega e si giunge a una frattura (colloquio di Marburgo, 1529). Calvino, pochi anni dopo, tenta una mediazione tra le due posizioni: di fatto, però, si giunge a un accordo tra Ginevra e Zurigo (dunque tra le chiese riformate), mentre la chiesa luterana mantiene una posizione piuttosto intransigente e considera i riformati quasi alla stregua degli spiritualisti (i cosiddetti *Schwärmer*, «fanatici» o «entusiasti»). La tesi luterana si rivela assai più vicina a quella cattolica che a quella riformata: la differenza tra luteranesimo e cattolicesimo riguarda la categoria di transustanziazione, ma una obiettiva vicinanza contenutistica è innegabile.

Presentata nei suoi termini tecnici e utilizzando il linguaggio delle «nature» di Cristo, la divergenza può apparire oggi piuttosto astrusa. In realtà, essa esprime, da entrambe le parti, una forte passione teologica, tesa a rendere giustizia al messaggio biblico; purtroppo essa è anche attraversata da un equivoco fondamentale, determinato da linguaggi e presupposti (probabilmente, nel caso di Lutero e Zwingli, più filosofici e di mentalità che propriamente teologici) diversi. Lutero scorge in Zwingli un pregiudizio razionalista: teme cioè che lo zurighese si accontenti di una interpretazione che, per voler essere «ragionevole», finisca per svuotare il paradosso della fede, cioè l'insuperabile concretezza della presenza di Gesù nella celebrazione della comunità. Zwingli, per parte sua, ritiene che Lutero rischi di «materializzare» la grazia, critica rivolta anche alla chiesa di Roma. Contro tale pericolo, egli si richiama allo Spirito santo e a una forma di presenza slegata dalla materialità e concentrata sulla natura divina del Cristo risorto e glorificato, che nello Spirito agisce sulla comunità riunita. Tale divergenza rimane nei secoli, costituendo un doloroso motivo di reciproca scomunica tra le chiese della Riforma. Solo nel 1973 la Concordia di Leuenberg chiarisce che le divergenze sulla Cena, che continuano a sussistere, non hanno un significato tale da dividere le chiese: tra luterani e riformati sussiste oggi una piena comunione.

Come valutare questo dibattito? Probabilmente occorre ammettere che il contrasto è esacerbato da un uso improprio del termine realtà. Già lo si è detto: lo Spirito di

Dio è eminentemente reale, dunque una presenza «spirituale» è a sua volta anche «reale». Contrapporre Spirito e realtà costituisce un clamoroso errore. Ci si può chiedere, inoltre, se il linguaggio cristologico del Concilio di Calcedonia (le «due nature») sia il più adatto per descrivere la dinamica della Cena. In effetti, il suo uso in questo contesto ha piuttosto contribuito a radicalizzare il dissenso. Pur con accenti diversi, la posizione luterana e quella riformata si possono ritrovare nell'idea di una presenza «personale» di Gesù: il Signore è cioè realmente presente, in quanto persona, nel pane e nel vino condivisi nel culto, ad opera della potenza dello Spirito. A giudizio di chi scrive, una simile impostazione del problema potrebbe addirittura ricomprendere la categoria cattolica romana di transustanziazione. Essa infatti intende essenzialmente esprimere la concretezza della presenza della persona di Gesù, utilizzando il linguaggio aristotelico. La principale obiezione protestante non è tanto nei confronti della categoria in quanto tale, quanto della pretesa di considerarla l'unica teologicamente adeguata, e dunque di sacralizzare un determinato apparato teologico. A costo di apparire semplicisti, sosteniamo dunque che un'interpretazione storicamente e teologicamente responsabile dei dibattiti tradizionali permetterebbe di giungere a un consenso intorno a una formulazione come la seguente: Gesù Cristo è realmente presente nella sua persona, per opera dello Spirito santo, nella celebrazione ecclesiale della Cena. *Realmente* presente: non per modo di dire, non semplicemente nel ricordo o nell'ispirazione. La categoria biblica del «memoriale» non indica un semplice «richiamare alla mente», bensì l'idea dell'inserimento di chi fa memoria nell'evento rammemorato. Presente in forma *personale*, non come semplice idea: come la predicazione non è solo una parola *su* Gesù Cristo, bensì *Gesù Cristo che parla*, così la Cena non è solo una celebrazione che ricorda il Signore, bensì il Signore stesso che agisce. *Spiritualmente* presente, certo: non cioè in forma materiale, come gli umani sono presenti l'uno all'altro; nemmeno però in forma metaforica; bensì in quella dimensione di realtà intensa e profonda che la fede attribuisce allo Spirito di Dio. Presente *nella fede*: non si tratta, cioè, di una presenza empiricamente disponibile, bensì confessata, vissuta nella preghiera, nella speranza e anche nel dubbio e nella tentazione. Nella Cena, Cristo raduna intorno a sé una comunità di peccatori e peccatrici che confidano nella misericordia di Dio: li vincola a sé e tra loro, accoglie la loro mediocrità e abbatte le barriere che li separano da Dio e l'uno dall'altro. Di questo tipo di «presenza reale» parla il Nuovo Testamento. Pretendere di andare oltre, in una sorta di anatomia teologica del pane e del vino nella celebrazione, sarebbe fuori luogo, in quanto porrebbe ai testi biblici domande diverse da quelle alle quali essi intendono rispondere.

La logica dei testi biblici e del linguaggio simbolico indica che la promessa di Dio è relativa alla celebrazione, cioè alla consumazione del pane e del vino. In linea di principio, questo non dovrebbe necessariamente impedire alle chiese evangeliche di comprendere la prassi cattolica romana della conservazione degli elementi dopo la celebrazione. Nel caso, infatti, essi fossero recati agli ammalati o alle persone impossibilitate a partecipare all'assemblea liturgica, ciò potrebbe costituire una forma di condivisione comunitaria, in circostanze di sofferenza. Quello che, dal punto di vista protestante, non è comprensibile, è l'*adorazione* eucaristica, cioè il fatto che il pane «consacrato» venga adorato, al di fuori della celebrazione. In tale contesto, l'evento della venuta dello Spirito nella comunità orante scompare, sostituito da una forma di materializzazione della presenza di Gesù che non ha alcun rapporto con la testimonianza biblica né con la dinamica propria dei simboli: il pane è fatto per essere mangiato, non adorato. La questione dell'adorazione eucaristica potrebbe apparire, a tutta prima, un dettaglio. Essa, tuttavia, segnala che l'interpretazione irenica anche dell'idea di transustanziazione proposta in queste pagine *non* è quella delle istanze magisteriali della chiesa romana. Anzi, l'enciclica di Giovanni Paolo II *Ecclesia de Eucharistia* (2004) ripropone massicciamente sia un linguaggio teologico pre-ecumenico, sia una centralità dell'adorazione eucaristica che molti, evangelici *e* cattolici, ritenevano superata.

Il bilancio del dibattito ecumenico sulla presenza di Cristo nella Cena può dunque essere così riassunto: le chiese evangeliche hanno individuato vie per superare i contrasti del passato, riconducendoli a differenze teologiche compatibili con la comunione nella fede. La chiesa romana, nonostante i contributi propositivi di molti suoi teologi, mantiene una posizione che non aiuta a superare gli scogli del passato. Quanto all'ortodossia, è rimasta estranea alle discussioni occidentali su questo tema. Essa condivide l'impostazione generale del cattolicesimo, ma non pratica l'adorazione eucaristica e ritiene comunque impossibile un consenso con le chiese della Riforma. Queste ultime, secondo le chiese ortodosse, esasperano gli elementi razionalistici presenti nella tradizione occidentale, compromettendo la dimensione mistica e di mistero della celebrazione eucaristica.

2. LA CENA DEL SIGNORE COME «SACRIFICIO»?

Il messaggio del Nuovo Testamento, per quanto riguarda questo aspetto, appare abbastanza chiaro.

1. Il sacrificio di Cristo è avvenuto «una volta per tutte» (Rom. 6,10; Ebr. 7,27; 9,12, 10,10) sulla croce ed è dunque irripetibile.

2. La cena del Signore costituisce un memoriale dell'unico sacrificio di Cristo. È vero che già alla fine del I secolo la *Didaché* (14,1) parla della Cena come sacrificio, nel senso però del rendimento di grazie e della lode.

L'idea di un'offerta della chiesa a Dio fa la sua comparsa con Ireneo (II sec.) e viene poi sviluppata, in particolare nel Medioevo, fino a giungere all'idea di una dimensione quantitativa della grazia legata alla celebrazione eucaristica, la quale potrebbe addirittura essere applicata ai defunti, abbreviando la loro permanenza nel Purgatorio (idea, questa, affermatasi nel frattempo). Questo insieme di credenze genera la prassi delle messe «private» (che Lutero chiama «messe nell'angolino»), che vedono la presenza del solo celebrante, senza comunità, il quale «lavora» precisamente per poter applicare la grazia (di solito, ma non necessariamente, a seguito di un'offerta in denaro) alle anime del Purgatorio. Se si tiene presente questo tipo di pietà, si comprende la reazione drastica dei riformatori, che considerano l'idea della messa come sacrificio «la più grande e orribile abominazione esistente nel papismo» (Lutero). In anni recenti, la teologia cattolica ha compiuto un notevole sforzo per ripensare in termini biblici l'idea della Cena come sacrificio, saldandola il più possibile con quella di memoriale. In prospettiva ecumenica, si possono proporre le seguenti considerazioni.

1. Da parte evangelica, è oggi possibile evitare di ripetere i durissimi giudizi del XVI secolo su questo punto: è abbastanza chiaro che l'intenzione cattolica romana non è, nella maggior parte dei casi, quella di dichiarare *ripetibile* liturgicamente il sacrificio di Cristo.

2. Resta il fatto che lo sviluppo della interpretazione sacrificale della cena del Signore è legato a comprensione quantitativa, retributiva, sacramentale e giuridica della grazia, biblicamente insostenibile.

3. La categoria di sacrificio, applicata alla cena del Signore, resta dunque almeno equivoca, se non associata a quella di memoriale: la Cena non è un sacrificio, ma il memoriale del sacrificio di Cristo.

4. Qualora la chiesa cattolica intenda mantenere l'uso della categoria nel proprio linguaggio teologico, ciò potrebbe essere accettato, alla luce delle precisazioni che sono state fornite; essa non può tuttavia essere utilizzata in sede ecumenica, né, a dire il vero, si vede il motivo per farlo, visto il consenso esistente circa il carattere di memoriale della celebrazione della Cena.

Rileviamo, di passaggio, che la visione non sacrificale della cena del Signore è alla radice della comprensione non sacerdotale del ministero ecclesiastico da parte del Nuovo Testamento e della chiesa evangelica. La fine del culto sacrificale determina la fine del sacerdozio: Cristo è il sacrificio definitivo e al tempo stesso il sommo sacerdote: è evidente che, con tale identificazione del sacerdote con la vittima, il Nuovo Testamento critica dall'interno l'intera logica della religione dei sacrifici. In nessun passo del Nuovo Testamento i termini «sacerdozio» e «sacerdote» sono applicati al ministero di presidenza dell'eucaristia (né ad altri ministeri specifici): o sono riferiti a Cristo (in particolare dall'Epistola agli Ebrei), oppure, in un senso più ampio, indicano l'identità spirituale dei cristiani in quanto tali. E così li intende la Riforma.

3. UNITI NELLA CENA DEL SIGNORE?

Come si è detto, il fatto che il gesto della comunione abbia, più di altri, storicamente evidenziato la divisione tra le chiese costituisce un paradosso grottesco. La maggior parte delle chiese evangeliche è riuscita, grazie al dialogo ecumenico, a condividere la Cena. Nei decenni trascorsi, molti ritenevano che sarebbe stato possibile giungere a forme di condivisione anche tra evangelici e cattolici romani: un'esigenza, questa, particolarmente sentita nei paesi nei quali la situazione socio-religiosa pone l'una vicina all'altra grandi comunità, i cui membri condividono l'esistenza quotidiana e, non raramente, anche quella coniugale (coppie interconfessionali). Tale esigenza è stata anche indicata con una buffa espressione: intercomunione. L'aspetto umoristico risiede nel fatto che, dal punto di vista etimologico, non è chiaro come possa esistere una *com*unione che non sia *inter*. Alcuni distinguono tre possibili livelli: l'«ospitalità eucaristica» (membri di una chiesa partecipano occasionalmente alla celebrazione in un'altra chiesa); l'intercomunione propriamente detta, cioè la pratica non occasionale, ma regolare della partecipazione alla Cena celebrata in altra chiesa; e la celebrazione comune, da parte di ministri di entrambe le chiese. Il contributo romano alla semplificazione di una discussione così articolata è consistito in un *niet* su tutta la linea e senza appello. Il fattore decisivo non risiede tanto nelle divergenze dottrinali delle quali abbiamo trattato sin qui, quanto nella comprensione del ministero. Come abbiamo rilevato in precedenza, secondo Roma le chiese evangeliche non hanno un autentico ministero per la stessa ragione per la quale non sono chiese «in senso proprio», cioè perché non hanno conservato un autentico ministero episcopale; dunque nemmeno la celebrazione della Cena può essere autentica, perché la presidenza, in una chiesa protestante, non è esercitata da un ministro regolarmente «ordinato», vale a dire partecipe della successione apostolica. Il fatto che la questione relativa a chi presieda la celebrazione sia completamente ignorata dal Nuovo Testamento non sembra minimamente turbare le gerarchie romane. Solo esse e le chiese ortodosse celebrano il vero memoriale del sacrificio di Gesù Cristo. A parere degli ortodossi, non è affatto certo che Roma celebri la retta cena del Signore: la potremmo chiamare la nemesi dell'esclusivismo: chi lo pratica trova sempre qualcuno che lo supera, cioè che è più esclusivista di lui.

Nei circoli ecumenici si esprime spesso «sofferenza» per tale situazione. La parola ci appare eccessiva. Detto in modo un poco brusco e in termini non teologici, appare grottesco che le chiese prima si bacchettino le dita da sé e poi si lamentino del dolore che questo provoca. La parola «sofferenza» andrebbe riservata a cose più serie delle idiosincrasie ecclesiastiche. La cena del Signore «sbarrata» che attualmente viviamo dipende dal fatto che le chiese antepongono se stesse e i loro veti alla logica interna dell'evento eucaristico e, anche, alle aspirazioni ecumeniche di molti tra i propri membri. I protestanti hanno fatto e detto quanto era nelle loro possibilità per porre termine a tale situazione: essi hanno ristabilito la piena comunione tra evangelici e non ritengono che le divergenze che ancora sussistono nei confronti delle altre famiglie ecclesiali debbano o possano bloccare la condivisione della mensa di Gesù. Egli, non le chiese, è colui che invita e gli evangelici non cessano di ripeterlo. Tale richiamo non ha trovato finora ascolto. La situazione di stallo che ne deriva va sopportata con serenità, senza polemiche e, appunto, senza ostentazioni doloristiche fuori luogo. Il clima attuale, gli irrigidimenti da parte cattolica e ortodossa, la repressione degli isolati tentativi di alcuni sacerdoti cattolici di esercitare una «disobbedienza ecumenica» nei confronti del *diktat* delle proprie gerarchie (chi lo ha fatto è stato «sospeso *a divinis*», cioè gli è stato vietato di esercitare il ministero sacerdotale), non lasciano sperare in evoluzioni positive a breve o a medio termine. È doveroso esprimere solidarietà nei confronti in particolare delle coppie interconfessionali, che vedono precisamente le chiese separare, e proprio nella liturgia, «ciò che Dio ha unito». Detto questo, chi crede nell'ecumenismo è semplicemente invitato a esercitare la virtù della pazienza, unita a quella della speranza: che il Signore, anziché adirarsi, scuota la testa sorridendo benevolmente, di fronte alla ristrettezza di vedute delle sue comunità.

10

LA VERGINE MARIA

Tra i temi che tradizionalmente sono oggetto di controversia tra le grandi famiglie ecclesiali, si annovera quello riguardante il ruolo e il significato della Vergine Maria nella storia della salvezza e nella vita della chiesa. È possibile oggi, su questo tema, un approccio ecumenico? Nelle pagine che seguono, vorremmo azzardare, motivandola, una risposta prudentemente positiva.

1. LA MARIA BIBLICA

I passi neotestamentari nei quali compare la figura di Maria sono i seguenti:

1. i racconti dell'infanzia, in Matteo e Luca;
2. l'episodio sinottico nel quale la madre di Gesù e i suoi fratelli si mostrano preoccupati dell'attività pubblica di Gesù e vorrebbero ricondurlo a più miti consigli (Mc. 3,21 e par.);
3. i due episodi giovannei delle nozze di Cana (2,3) e della crocifissione (19,25-27);
4. il testo di At. 1,14 che presenta Maria nel cenacolo, insieme ai discepoli.

I racconti dell'infanzia costituiscono, come si sa, testi di carattere molto particolare, assai più teologico che storico; lo stesso vale per l'episodio di Cana. Per quanto riguarda la crocifissione la versione di Giovanni è molto diversa da quella offerta dai sinottici. In ogni caso, è possibile tratteggiare alcuni elementi della figura di Maria, secondo la comprensione delle comunità protocristiane.

1. È evidente che il fatto di essere la madre di Gesù le conferisce un ruolo decisivo e unico nella storia della salvezza;

2. i racconti dell'infanzia la presentano come un esempio di fede e di obbedienza;

3. dal punto di vista storico, è abbastanza chiaro il fatto che Maria abbia compreso la portata della persona e del messaggio di suo figlio dopo la risurrezione: come i discepoli, ella è *diventata* credente, cristiana;

4. nella comunità delle origini, ella è stata verosimilmente riverita, dato il suo rapporto con Gesù;

5. la convinzione relativa alla nascita verginale di Gesù è senz'altro molto antica, anche se non sembra appartenere al nucleo originario della tradizione. Il senso dell'affermazione si riferisce a Gesù, non a Maria.

2. Sviluppi della tradizione

La devozione nei confronti di Maria precede la dottrina che la riguarda. Nei primi secoli troviamo alcune tracce dell'usanza di lodare Maria, e Agostino è il primo, in Occidente, che si rivolge direttamente a lei. L'ascetismo cristiano svolge un ruolo importante nel delineare tanto la spiritualità quanto la riflessione teorica sulla figura di Maria: essa assume i tratti di una figura femminile sublimata, spiritualmente gratificante, psicologicamente rassicurante e nella quale gli elementi sessuali della femminilità risultano rarefatti fino all'estremo. Mentre il Nuovo Testamento non mostra alcun imbarazzo nel parlare di fratelli e sorelle di Gesù, la chiesa antica sviluppa una dottrina della «verginità perpetua»: non solo, cioè, *pre partum* (sulla base dei racconti dell'infanzia), ma anche *in partu* e *post partum*, dottrina che Girolamo difende assai energicamente contro Elvidio (che la contestava appunto sulla base dei vangeli), e che verrà ripresa dalla tradizione, compresi i riformatori.

Un impulso importante alla sottolineatura della figura di Maria è impresso dal Concilio di Efeso (431), che la definisce *Madre di Dio*. Tale espressione, consapevolmente paradossale, riveste, nelle intenzioni del Concilio, un significato cristologico, in quanto sottolinea l'unità delle nature umana e divina in Gesù, che appunto legittima un simile linguaggio. È inevitabile, però, che, sia pure indirettamente, una simile affermazione (formulata, tra l'altro, nella città nota – At. 19,28! – per il culto di Diana) acquisti anche un significato «mariano».

I successivi sviluppi della pietà relativa a Maria possono essere ricondotti a due fattori, tra loro strettamente collegati.

1. La visione di Dio tende a concentrarsi sul Creatore e Giudice, lontano, severo, che viene temuto più che amato. Gesù Cristo risulta associato a questo processo di allontanamento. Più che indicare l'amore sofferto e sofferente di Dio, che certo regna e giudica, ma *dalla croce*, Cristo viene vissuto nei termini così efficacemente espressi dall'affresco michelangiolesco del *Giudizio universale* nella Cappella Sistina: il sovrano severo, che detiene potere assoluto di vita e di morte (eterne). In un simile contesto (che è anche teologico ma soprattutto, ripetiamo, spirituale), la figura di Maria tende ad assumere un ruolo di mediazione tra suo figlio e gli esseri umani.

2. Benché la teologia e la predicazione della chiesa non abbiano mai attribuito a Dio un genere, l'immaginario religioso lo ha costantemente pensato e vissuto al maschile. La mascolinizzazione dell'immaginario di Dio

contribuisce a determinare l'esigenza di un «correttivo» al femminile, identificato con la figura di Maria.

La madre di Gesù diviene dunque colei che intercede presso il Figlio e che incarna ideali di fede, obbedienza, castità unita alla maternità. La teologia non mette in discussione il fatto che ella sia una creatura, tuttavia si sviluppano dibattiti relativi, ad esempio, alla sua «immacolata concezione», cioè al fatto che essa sarebbe stata concepita senza peccato originale[1]. La preghiera rivolta a Maria è a questo punto una costante significativa nella spiritualità cristiana, anche se il culto a lei rivolto viene accuratamente distinto da quello riservato a Dio: ciò vale, almeno, per la dottrina, mentre nella prassi devozionale le cose non sono sempre così chiare.

3. LA RIFORMA, LA CONTRORIFORMA E I RISPETTIVI SVILUPPI

I riformatori assumono, da un punto di vista dottrinale, una posizione del tutto conservatrice rispetto alla tradizione mariana: la nascita verginale, naturalmente, viene considerata parte integrante del messaggio biblico; la verginità perpetua non viene messa in discussione; il titolo di Madre di Dio è accettato, precisamente perché ne viene colto e sottolineato il significato relativo a Gesù; il

---

[1] Accade a volte, nei settori meno informati dell'opinione pubblica, che la nascita verginale di Gesù venga confusa con l'«immacolata concezione» di Maria. Si tratta di due affermazioni completamente diverse. La prima si riferisce ai racconti evangelici dell'infanzia: Gesù sarebbe stato concepito senza l'apporto di Giuseppe; la seconda afferma che il peccato originale, che secondo la dottrina classica di matrice agostiniana affligge tutti gli umani, sarebbe stato risparmiato a Maria in vista del suo compito nella storia della salvezza.

carattere esemplare della figura di Maria è sottolineato con grande forza (si pensi solo al commento di Lutero al *Magnificat*).

La Riforma, tuttavia, sottolinea che Maria è una creatura umana come le altre, che va onorata e imitata, ma non pregata. La preghiera si rivolge al Dio trinitario soltanto. Il contributo dei riformatori, dunque, consiste semplicemente in una riconduzione dell'immaginario relativo a Maria alla tradizione antica, interpretata a partire dalla centralità della rivelazione in Cristo. Maria è importante per il suo significato cristologico. Non si avverte il bisogno di polemizzare contro una «mariologia», per l'eccellente ragione che, nella tradizione cattolica romana, il termine non ricorre. Comparirà occasionalmente nel XVII secolo, per poi vivere i propri fasti a partire dal XIX. È un fatto, tuttavia, che nelle controversie successive allo scisma d'Occidente le rispettive posizioni si radicalizzano. La presa di distanza protestante nei confronti della pietà mariana si accompagna a una sottolineatura di quest'ultima in ambito cattolico romano e l'argomento è oggetto di dispute piuttosto aspre, così come l'intero tema del culto dei santi, sul quale ritorneremo brevemente.

Anche l'ortodossia, come il cattolicesimo romano, conosce una viva pietà mariana, celebrata anche nelle icone. La sensibilità ortodossa sviluppa una ricca e complessa simbologia, per alcuni aspetti parallela a quella occidentale (menzioniamo soltanto, a titolo di esempio, il tema di Maria come nuova Eva), ponendo particolare cura a non relegare in secondo piano il rapporto con la figura di Gesù. Proprio su questo punto, invece, gli sviluppi cattolici romani che si verificano a partire dall'Ottocento si presentano come assai innovatori.

4. Dal «secolo di Maria» a oggi

Dal 1854 al 1950 la pietà e la dottrina mariana vivono, in ambito cattolico, un'esplosione senza precedenti. Menzioniamo le date principali.

1854: definizione del dogma dell'immacolata concezione;

1858: apparizioni di Maria a Bernadette Soubirous, a Lourdes, nei Pirenei;

1915: apparizioni di Maria a tre bambini a Fatima, in Portogallo;

1950: definizione del dogma dell'assunzione corporea di Maria in cielo.

Questi eventi danno impulso a un incremento devozionale senza precedenti, che va dalla preghiera del Rosario alla moltiplicazione delle congregazioni religiose, soprattutto femminili, con particolare accento mariano. Ne risente anche l'iconografia, che sempre più spesso presenta la Vergine *senza* Gesù (cosa che non accade mai in ambito ortodosso). Merita sottolineare che tale enfasi mariana procede parallelamente a un'analoga sottolineatura della centralità del papato: mariologia e «papalismo» costituiscono due pilastri dell'identità cattolica romana in questa fase. Il dogma del 1950 costituisce anche l'unico caso nel quale Roma si è direttamente richiamata all'infallibilità del pontefice.

I settori più sensibili della chiesa romana avvertono il rischio di questa enfasi inaudita e si sforzano di ricondurre la devozione a Maria in un alveo teologicamente e spiritualmente meno spericolato. Il concilio Vaticano II evita di proporre un documento dedicato alla madre di Gesù e ne parla, invece, nell'ambito della dottrina della chiesa, nella *Lumen Gentium*. Se, da una parte, l'intenzione risulta ecumenicamente apprezzabile (Maria verrebbe ricollocata nella comunione dei santi, cioè dei credenti), dall'altra essa mostra la tendenza a delineare una «ecclesiologia mariana» alquanto problematica: una direttrice, questa, che verrà proseguita da Paolo VI e soprattutto da Giovanni Paolo II, grande devoto di Maria e acceso sostenitore di un nuovo rilancio di questo tipo di spiritualità.

5. PROSPETTIVE ECUMENICHE?

Già lo si è detto: esse non sono impossibili, ma richiedono grande prudenza. Il contributo protestante può risiedere soltanto nella sottolineatura dell'atteggiamento teologico e spirituale della Riforma: massimo rispetto per la figura di Maria, così come il Nuovo Testamento la presenta e dunque eminentemente compresa la sua esemplarità di figura umana credente. Oltre, da un punto di vista evangelico, non è cristianamente legittimo andare. Ciò significa: 1) nessuna preghiera a Maria; 2) nessuna «devozione mariana»; 3) nessuna «mariologia», semmai un giusto rilievo alla figura di Maria nel quadro della storia di Gesù: che, appunto, è tutt'altra cosa. Come è possibile un atteggiamento ecumenico, da parte evangelica, su questo punto, date tali premesse?

Risponderemo così: *nella misura in cui* la chiesa romana (e, a modo proprio, quella ortodossa) presentano la loro devozione mariana nel quadro di un cammino che porta a Gesù, la fede evangelica accoglierà tale testimonianza con un rispettoso silenzio. Uno slogan mariano famoso recita: *a Gesù per Maria*. La fede evangelica nutre seri dubbi sul fatto che tale itinerario sia consigliabile. È vero, però, che nel Nuovo Testamento si parla anche di strade molto strane che conducono a Gesù: c'è chi, ad esempio, lo trova seguendo una stella. Non vogliamo porre limiti teologici e dottrinali alla libertà dello Spirito di Dio: *se* qualcuno giunge *a Gesù*, ciò è decisivo e sospin-

111

ge in secondo piano ogni discussione sull'itinerario percorso. Lo ripetiamo: *se* la meta è *Gesù*. Non abbiamo alcun titolo, come protestanti, per giudicare una via a Gesù che passi per Maria. Da parte nostra, riteniamo che essa *non* sia quella indicata dalla Scrittura, ma non ci sentiamo di elevare condanne teologiche nei confronti di chi ritenga di essere stato istruito diversamente da Dio stesso.

Detto questo, dobbiamo formulare *almeno* due domande critiche.

1. Non risulta assolutamente chiaro come i dogmi mariani del 1854 e del 1950 possano essere interpretati in modo biblicamente, teologicamente e dunque anche ecumenicamente responsabile. Su questo punto, se non vediamo male, le gravissime riserve evangeliche sono condivise dalla chiesa ortodossa. A nostro giudizio, si tratta di affermazioni assolutamente incontrollate, che esprimono una dottrina nella quale le chiese della Riforma non riescono a riconoscere la fede cristiana così come esse la comprendono. Un famoso teologo cattolico disse una volta, a proposito del dogma dell'infallibilità, che se esso non può essere, dal punto di vista romano, ritrattato, potrebbe almeno essere lasciato «dormire». Non siamo sicuri che tale proposta risolverebbe tutti i problemi, ma ne riconosciamo le buone intenzioni. Purtroppo, però, non sembra che una simile raccomandazione abbia trovato ascolto (né per il dogma dell'infallibilità né) per quanto riguarda i dogmi mariani. Ciò rende la nostra domanda critica ulteriormente pressante.

2. Ci domandiamo se sia possibile affermare che il sostegno offerto a un certo tipo di devozione mariana conduca effettivamente a Gesù. Ci riferiamo all'iconografia che, appunto, separa la madre dal figlio; alle statue di Maria che piangono e che vengono fatte oggetto di culto; ai pellegrinaggi mariani; ad affermazioni strabilianti come quella di Giovanni Paolo II che, nella sua enciclica sulla cena del Signore, vede in Maria la «donna eucaristica»; a un motto come quello (*totus tuus*, riferito ap-

punto a Maria) che lo stesso pontefice ha scelto per sé. E si potrebbe continuare. Di nuovo: a Gesù per Maria? Su questo non vorremmo pronunciarci. Se però la proposta è: a Maria e per Maria, allora nessun «silenzio ecumenico» è più possibile.

6. I «SANTI»

Una parola, infine, sul «culto dei santi». La struttura della questione è analoga a quella relativa a Maria.

È noto che, nel Nuovo Testamento, i «santi» sono, semplicemente, i credenti. La santità è anzitutto un indicativo, il dono di Dio che mette a parte la chiesa in vista dell'annuncio. Essa ha però anche una dimensione imperativa: il compito, affidato ai credenti, di vivere un'esistenza che si sforzi di essere conforme alla vocazione ricevuta. Per comune riconoscimento, molte donne e molti uomini, nella storia della chiesa, hanno vissuto questa dimensione in termini che la comunità ha riconosciuto come esemplari. La chiesa romana e quella ortodossa utilizzano il termine «santi» per indicare coloro ai quali questa esemplarità è stata ufficialmente riconosciuta. La chiesa evangelica non conosce un simile processo di «canonizzazione». Anche per essa, tuttavia, è evidente che il cammino di fede può ricevere impulsi significativi dall'esempio di chi, prima di noi, lo ha percorso sovente fino al martirio. Al di là delle differenze terminologiche, dunque, non sussistono difficoltà nei confronti dell'indicazione, anche esplicita, di figure che presentano nella loro carne il discepolato cristiano e, come tali, invitano a perseguirlo.

La fede evangelica, tuttavia, non riconosce a tali figure una funzione di mediazione o di intercessione. Cristo è l'unico mediatore tra Dio e gli esseri umani. La preghiera è rivolta al padre, per il Figlio, nello Spirito, e in tale dinamica nessuna figura umana, oltre a quella di Cristo, si interpone tra l'orante e il Padre. Anche in questo caso, l'esigenza ecumenica, prima che in una rilettura della dottrina, potrebbe essere individuata in una prassi devozionale scevra da esagerazioni. In un paese come l'Italia, nel quale può accadere che la devozione a padre Pio prevalga sul culto reso al Dio trinitario, già un tale percorso volto alla riconquista di una sobrietà minimale appare come un compito di rilievo.

11

L'ETICA COME TEMA ECUMENICO

L'odierna scena ecumenica è caratterizzata dall'emergere in primo piano delle tematiche etiche. Esse erano sempre rimaste sullo sfondo dei dibattiti tra le chiese: differenze, anche di grande rilievo, vi sono naturalmente sempre state, tanto sulle questioni di etica «individuale», quanto su quelle inerenti alla dimensione politica; soprattutto, vi sono sempre state differenze di rilievo per quanto riguarda l'etica fondamentale, cioè il rapporto tra la dimensione morale e quella della fede in senso stretto. La discussione si è però concentrata su altri temi, mentre sembrava si potesse dare largamente per acquisito che, sulla gran parte dei temi morali, le diverse chiese sostenessero posizioni vicine o comunque visioni generali non incompatibili tra loro. La situazione si è bruscamente modificata negli ultimi quarant'anni, ma la percezione della novità è decisamente più recente. La causa prossima delle difficoltà ecumeniche in ambito etico è individuabile nei dibattiti intorno a due ambiti problematici, la sessualità e le questioni bioetiche, in particolare quelle relative alle fasi iniziali e finali dell'esistenza fisica degli esseri umani.

1. LE QUESTIONI

Negli ultimi decenni, i costumi sessuali, nei paesi ricchi, si sono considerevolmente modificati. Di tutte le numerose rivoluzioni promesse o tentate, quella sessuale sembra essere una delle poche ad aver ottenuto risultati concreti. I rapporti prematrimoniali e le convivenze sono diventati comportamenti diffusi e non più socialmente condannati, come anche divorzio e nuovo matrimonio, e questo anche in paesi di cultura tradizionalmente cattolica. Più recentemente, sono le identità e i comportamenti omosessuali a rivendicare l'uscita dalla clandestinità. La chiesa cattolica, quella ortodossa e quelle *evangelical* valutano in termini decisamente critici tali modifiche dei comportamenti sessuali di massa, ritenendoli espressione di una decadenza etica delle società opulente. In estrema sintesi, non pare impreciso affermare che, per queste chiese, la tradizionale coppia sposata (e dunque evidentemente eterosessuale) costituisce l'unico ambito entro il quale l'esercizio della sessualità è eticamente legittimo. Le chiese protestanti «classiche» assumono un atteggiamento più articolato. Forme di sessualità prematrimoniale e di convivenza non sono necessariamente condannate bensì, spesso, ritenute espressioni possibili di un progetto di coppia che, per varie ragioni, non può immediatamente risolversi in un matrimonio. Anche sull'omosessualità si registrano significative aperture. Per alcuni evangelici essa può costituire uno spazio di espressione di un autentico amore; alcune chiese consacrano pastori omosessuali; si pensa a liturgie per unioni di coppie gay. Va detto, però, che anche all'interno del protestantesimo storico, quella che si è preso a chiamare «questione omosessuale» divide spesso gli animi e le chiese.

Sull'altro fronte (non privo, comunque, di importanti legami con il primo), i progressi della medicina pongono alla riflessione etica problemi completamente nuovi, dalle tecniche di procreazione assistita all'interruzione delle terapie in fase terminale, passando per la ricerca sugli embrioni e sulle cellule staminali: nasce la bioetica come disciplina autonoma, nell'ambito sia della filosofia sia della teologia morale. Anche in questo caso, le reazioni ecclesiali sono diverse. Cattolicesimo, ortodossia ed *evangelicals* si attestano sulla linea della «difesa della vita, dal concepimento alla sua conclusione naturale», il che, in pratica, si traduce in un secco «no» a molte delle opzioni rese possibili dalla odierna medicina in situazioni critiche. Le chiese protestanti tentano una valutazione più articolata, cercando di sottolineare che problemi complessi e nuovi non sempre possono essere risolti in base a modelli concettuali ereditati dalla tradizione. I nuovi temi etici hanno rilevanti ricadute sul piano giuridico e legislativo, esse pure ecumenicamente rilevanti: per questo ce ne occuperemo nel prossimo capitolo.

Da queste rapidissime note emerge con chiarezza che il protestantesimo si trova piuttosto isolato rispetto alle altre chiese cristiane, le quali tendono a interpretare le recenti «aperture» protestanti come cedimenti alla «mentalità di questo secolo» e a quello che viene ritenuto il suo «relativismo» morale; a ciò si aggiunge spesso l'imbarazzo determinato da forti dissensi interni (soprattutto, ripetiamo, sul tema dell'omosessualità), motivati in termini analoghi.

2. Strutture dell'argomentazione

La chiesa cattolica romana è impegnata nella rivendicazione di una «morale naturale», che fornirebbe un quadro etico valido al di là delle differenze tra le epoche storiche e tra le diverse culture. Il Creatore, cioè, avrebbe inscritto nella natura stessa strutture biologiche e comportamentali che, se assecondate, permetterebbero la vita eticamente buona e umanamente costruttiva; trasgredire la legge in esse inscritta, per contro, condurrebbe alla degenerazione dell'umano. Anche chi non crede può, secondo i sostenitori di queste tesi, seguire e condividere l'argomentazione: se infatti al «Creatore» si sostituisce «la natura», i contenuti etici del discorso non risultano modificati. Un buon esempio del «funzionamento» di questo modello argomentativo è la tesi cattolica relativa alla contraccezione artificiale. Essa sarebbe eticamente illecita, in quanto Dio (o la natura) ha progettato la sessualità umana in vista della procreazione. La regolazione delle nascite può dunque essere perseguita solo per via «naturale», cioè utilizzando i periodi infecondi del ciclo femminile; ogni altro mezzo, sia chimico sia meccanico, è da ritenersi «contronatura» e dunque anche immorale. A maggior ragione appaiono «contronatura» i comportamenti omosessuali. Secondo questa impostazione, anche il matrimonio è «naturale» e dunque una sessualità «secondo natura» non potrà essere prematrimoniale. Lo stesso schema è applicabile alle tematiche bioetiche: «naturale» è una gravidanza che inizia senza l'intervento di tecniche artificiali; è la morte che sopraggiunge senza interventi esterni, anche se non è chiaro che cosa ciò significhi quando tutta l'esistenza del paziente risulti medicalizzata.

Nell'insieme, l'ortodossia e le chiese *evangelical* condividono tale ricordo all'idea di una legge naturale; le seconde vi aggiungono il riferimento al testo biblico. Esso è molto chiaro su alcuni temi (come l'omosessualità), mentre evidentemente tace su problemi bioetici. Essi vengono però ricondotti in modo piuttosto diretto a temi come l'omicidio e il suicidio: in tal modo, il testo biblico viene addotto come appello «a favore della vita».

La struttura argomentativa messa in opera nell'ambito delle chiese evangeliche risulta, nella maggior parte dei casi, più complessa e dialettica. Il riferimento al testo biblico è naturalmente assai importante. Si afferma però che l'interpretazione non può avvenire senza tener conto del mutamento del quadro storico e culturale. Un esempio molto chiaro è quello della schiavitù. Paolo, nella Lettera a Filemone, la presuppone come un dato («naturale», appunto) e argomenta senza avvertire l'esigenza di problematizzarla in linea di principio. Oggi, per contro, tutti i cristiani ritengono la schiavitù, in quanto tale, moralmente inaccettabile e chi la difendesse appellandosi al fatto che Paolo ne discute le forme di esercizio, ma non la natura, avrebbe poche possibilità di vedere accolte le proprie tesi. Si rende dunque necessaria un'interpretazione del testo che ne faccia valere non tanto i singoli contenuti, quanto l'intenzione di fondo: ammesso, ovviamente, che si ritenga possibile individuarla e distinguerla dall'altro aspetto.

Quanto alla «legge naturale», da parte protestante si obietta che, per quanto riguarda l'essere umano, la «natura» esiste solo in un costitutivo rapporto con la cultura. Che i temi in discussione abbiano una relazione con la struttura biologica dell'essere umano, è evidente. Il problema etico, tuttavia, nasce precisamente perché il dato biologico si intreccia a comportamenti sociali determinati da modelli di comprensione dell'esistenza. Che il matrimonio, ad esempio, sia «naturale», è tesi almeno ambigua: non sarebbe difficile sostenere che: 1) esso è un prodotto dello sviluppo delle civiltà umane; 2) nelle diverse civiltà, esso si è di fatto presentato in forme molto diverse. La domanda etica, dunque, non può essere ridotta alla «naturalità» dei comportamenti, bensì riguarda forme diverse di intreccio tra natura e cultura: quali possono essere definiti tali da arricchire le possibilità di un'esistenza autenticamente umana, e quali no?

La ricerca etica protestante viene frequentemente sospettata dai suoi detrattori di accodarsi a quello che viene definito[1] il «relativismo» etico imperante. Si potrebbe osservare che l'aggettivo «relativo» deriva da «relazione» e, in tal senso, potrebbe essere assunto positivamente. Quella protestante potrebbe essere caratterizzata come un'etica «della relazione» e non della «natura», delle «essenze» o «dei principi». La relazione chiama alla responsabilità, dunque a un'elaborazione etica e a una prassi che, in effetti, possono essere diverse in tempi e

---

[1] In particolare da Benedetto XVI, che di questa categoria ha fatto un vero e proprio cavallo di battaglia.

situazioni che mutano. Quando Paolo afferma che «tutto è lecito, ma non tutto giova», sembra (e i singoli problemi etici esaminati nella I Corinzi confermano questa lettura) appunto voler dire che ciò che conta non è tanto l'affermazione generale di liceità, quanto il concreto impatto di un determinato comportamento nel quadro di una situazione. In questo senso, il riferimento protestante alla Scrittura non si traduce in primo luogo nella riproduzione delle soluzioni etiche presentate dai testi biblici (benché, ovviamente, anch'esse siano importanti), quanto nell'individuazione di un metodo. Comunque si giudichi tale impostazione metodologica, essa è ritenuta dalle altre chiese astratta e artificiosa: le complicate argomentazioni sarebbero solo un alibi che coprirebbe l'attuale incapacità del protestantesimo di opporsi all'immoralità dilagante nel mondo secolarizzato. Nell'assemblea ecumenica di Sibiu del 2007, il metropolita ortodosso Kyrill di Smolensk, in seguito divenuto patriarca di Mosca e di tutte le Russie, dopo aver affermato che il termine «ecumenismo» dovrebbe essere superato, ha invitato le chiese a un'alleanza contro l'attacco ai valori perpetrato dalla modernità secolare. È evidente che il protestantesimo non può né intende entrare in questa «santa alleanza» sedicente moralizzatrice. Come impostare, in una situazione così difficile, il dialogo ecumenico sui temi etici?

3. PROSPETTIVE PER UN CONFRONTO

Sembra giocoforza esordire, su questo punto, con un appello alla pazienza. L'elaborazione di una metodologia di dialogo sui temi tradizionali dell'ecumenismo ha richiesto all'incirca un secolo. Per decenni i contrasti sono apparsi non solo insormontabili, ma anche tali da impedire qualunque confronto che non si riducesse alla reciproca contrapposizione delle proprie tesi. Il dialogo sui temi etici controversi non è, praticamente, ancora iniziato, siamo ancora nella fase del preoccupato inventario dei dissensi. Per quanto riguarda il futuro prossimo, è prevedibile un inasprimento del confronto, in particolare sull'omosessualità e sulle questioni bioetiche che esigono una regolamentazione legislativa. Un primo obiettivo, dunque, è impedire che tale animato confronto conduca a uno smarrimento della fiducia reciproca e, dunque, a un binario morto. Il movimento ecumenico ha corso ripetutamente tale rischio, ma è sempre riuscito a evitare le conseguenze peggiori. Si tratta di lavorare perché il dialogo non si interrompa.

Detto questo, gli aspetti di merito vanno affrontati con coraggio. Proponiamo due domande critiche, la prima rivolta alle chiese protestanti, la seconda alle confessioni che, su questo punto, costituiscono lo schieramento contrapposto.

Il protestantesimo dovrebbe chiedersi se, nell'accusa rivoltagli di indulgere a un compromesso lassista con la società secolarizzata, non risieda una particella, almeno, di verità. La domanda potrebbe essere formulata anche così: la teoria e la prassi etica delle chiese evangeliche pongono ancora al centro la nozione di comandamento di Dio? Nella Bibbia, essa è indubitabilmente centrale. Nel capitolo sulla grazia, abbiamo sottolineato che l'evangelo è formulato essenzialmente all'indicativo: Dio, cioè, accoglie e perdona. L'indicativo di Dio, tuttavia, è sempre collegato all'imperativo, è una grazia che chiama al rinnovamento della vita. Quelli che l'Antico e il Nuovo Testamento testimonia non sono «consigli» e nemmeno «piste di riflessione», bensì, appunto, comandamenti, che vogliono essere obbediti. L'esigenza di interpretarli non può essere messa tra parentesi; nemmeno può, tuttavia, svuotare l'idea del comandamento. Non esiste vita cristiana senza obbedienza a Dio, senza morte al peccato, senza cammino in novità di vita. Ogni interpretazione, ogni necessaria prudenza nei confronti del rischio, sempre incombente, di un astratto moralismo perbenista, va intesa come servizio a un'autentica obbedienza e non come alibi per eluderla. Il dialogo ecumenico può ricordare alle chiese della Riforma che la vocazione che Dio rivolge loro non ammette sconti.

Il cattolicesimo romano, l'ortodossia e anche le chiese *evangelical* potrebbero utilmente chiedersi se quanto difendono con tanta passione è effettivamente il comandamento di Dio, oppure un'ideologia religiosa, più simile a quella che il Nuovo Testamento attribuisce agli avversari di Gesù che alla predicazione del Signore. Anche in questo caso, il confronto ecumenico può essere d'aiuto. È proprio sicuro che l'atteggiamento delle chiese protestanti sia soltanto compromissorio? Non potrebbe invece costituire (*anche*, almeno) un tentativo di seguire Gesù al di fuori dei sentieri rettilinei di una morale tradizionale, lungo piste che si sforzano di comprendere e accompagnare, prima che giudicare? E proprio a proposito dell'etica sessuale: non ci si dovrebbe domandare se quella tradizionalmente annunciata dalle chiese non sia una *cattiva* notizia, un messaggio frustrante e repressivo, anziché il lieto annuncio di un'esistenza liberante e liberata?

Sono realmente e soltanto domande. Il tempo delle risposte dev'essere atteso con operosa pazienza.

12

CHIESA E SOCIETÀ COME PROBLEMA ECUMENICO, CON PARTICOLARE RIFERIMENTO ALL'ITALIA

Abbiamo già sottolineato che l'impresa ecumenica non intende limitare la propria azione al «miglioramento» dei rapporti tra le diverse confessioni cristiane, ma ha l'ambizione di presentarsi come opera di riconciliazione, che le chiese mettono al servizio del mondo e dei popoli. In questa prospettiva, interrogarsi sulla questione ecumenica significa anche domandarsi quale sia il ruolo che le chiese ricoprono nella società post-moderna.

1. LA SITUAZIONE

Nell'Europa del 2009, la laicità, intesa come neutralità dello Stato rispetto alle diverse religioni e visioni del mondo, nonché alle organizzazioni che le rappresentano, appare, almeno a prima vista, comunemente accettata. Essa è vissuta nelle diverse nazioni europee in modi molto diversi: abbiamo la Francia che presenta un regime di assoluta separazione tra Stato e chiese, che a volte tende a sconfinare in una «religione della laicità», non priva di elementi intolleranti; abbiamo paesi come la Germania, dove coesistono due chiese strettamente legate allo Stato (l'evangelica e la cattolica) e varie chiese libere; abbiamo l'Italia, dove la Costituzione prevede due regimi diversi di rapporti tra chiesa e Stato: uno per la chiesa cattolica, sancito dall'art. 7, e uno per le altre chiese (art. 8); e dove la presenza pubblica della chiesa cattolica assume un carattere piuttosto pervasivo. Vorremmo qui di seguito presentare brevemente alcuni aspetti più propriamente ecumenici della questione.

L'Italia è uno strano paese. Da un lato, appunto, la presenza sociale e mediatica della chiesa cattolica è fortissima: paradossalmente, ma non troppo, essa appare ulteriormente incrementata nel quadro politico degli ultimi quindici anni, che ha visto la scomparsa del grande partito cattolico che nel dopoguerra ha dominato la scena. I due principali schieramenti contrapposti, infatti, sono interessati a conquistare il «voto cattolico», che a loro parere (non è chiaro quanto effettivamente fondato) è strettamente legato all'appoggio delle gerarchie ecclesiastiche. La Conferenza episcopale italiana (spesso direttamente appoggiata dallo stesso Vaticano) è a volte tentata di utilizzare tale situazione per esercitare forme di pressione politica che a molti non appaiono opportune. Ciò induce fenomeni di reazione che assumono a volte tratti radicali e di marcato segno anticlericale: si osserva, cioè, una tendenza a rispolverare contrapposizioni assai aspre (dette «ottocentesche», ma in realtà, appunto, di stretta attualità) tra «laici» e «credenti», questi ultimi sbrigativamente identificati con i «cattolici», a loro volta fatti coincidere con le gerarchie. Il nuovo scenario politico-culturale concorre a determinare ulteriori elementi di complicazione, alcuni grotteschi, altri realmente pericolosi. Tra i primi, si può menzionare la tendenza di alcuni esponenti e correnti di pensiero «laici» a combinare il loro agnosticismo con un sostegno militante alle forme anche più massicce di presenza ideologica delle gerarchie cattoliche nella vita italiana. L'idea sarebbe che il cattolicesimo, al di là dei suoi contenuti di fede, esprima l'identità culturale della nazione e, come tale, vada istituzionalmente privilegiato rispetto ad altre espressioni religiose e ideali. È il fenomeno detto degli «atei devoti», che difendono, ad esempio, l'insegnamento della religione cattolica nelle scuole statali, oppure l'esposizione del crocifisso nei luoghi istituzionali, come espressione simbolica dell'identità nazionale. Più concretamente, costoro si schierano costantemente a sostegno delle posizioni dei vescovi nei dibattiti etici (oggi soprattutto *bio*etici) all'ordine del giorno, nonché nelle discussioni, così spesso chiassose e superficiali, sui casi drammatici che di volta in volta emozionano l'opinione pubblica. Decisamente più gravi sono gli elementi di pericolo che derivano da questa sorta di rigurgito «costantiniano». La nostra società multiculturale e multirazziale è evidentemente esposta alle tensioni che derivano da un processo di reciproco adattamento tra culture che insistono sullo stesso territorio, processo che è appena all'inizio. Tali tensioni esplodono spesso in conflitti. Le circostanze interne e internazionali, naturalmente, contribuiscono a evidenziare anche gli aspetti religiosi di questi problemi, in particolare per quanto attiene al rapporto con l'islam. Ebbene, in questa situazione, innalzare i simboli cristiani come marchi identitari da contrapporre ad altri è operazione, oltre che teologicamente discutibile, politicamente assai poco saggia. Non vi è alcun bisogno di suggestioni che, anche solo velatamente, richiamino l'immaginario delle crociate.

2. IL COMPITO ECUMENICO

In un simile contesto, le chiese protestanti italiane, particolarmente quelle riunite nella Federazione delle chiese evangeliche in Italia, si sono spesso schierate nel fronte «laico». Ciò costituisce, nel panorama europeo, un caso abbastanza particolare, anche se non unico. Esso si è verificato nelle due grandi battaglie referendarie sulle legislazioni relative al divorzio (1974) e all'aborto

(1981), nonché in quella più recente, fallita per mancato raggiungimento del *quorum* dei votanti, sulla legge che regola la procreazione assistita. La stessa dialettica si ripropone, e si accentuerà, verosimilmente, nel prossimo futuro, per quanto attiene all'intera problematica bioetica; a ciò si aggiungono la legislazione sui diritti delle coppie di fatto e il dibattito sulle persone omosessuali, la mai abbandonata tentazione di riaprire il dibattito sulla legge 194 sull'interruzione della gravidanza ecc.

Trattandosi di questioni dal marcato risvolto politico, è comprensibile che le gerarchie cattoliche italiane tendano ad affrontarle essenzialmente in termini di rapporti di forza. Da questo punto di vista, le chiese evangeliche, nel nostro paese, hanno poco da dire, data la loro scarsissima consistenza numerica. È anche vero, però, che le chiese hanno un compito di testimonianza della parola di Dio: il loro dissenso etico ha a che vedere con l'evangelo e dunque *deve* essere discusso in ambito ecumenico. Ciò, finora, non è accaduto. Il cattolicesimo italiano è asserragliato nella propria difesa della dottrina della «legge naturale», che costituirebbe la soluzione universale per le questioni etiche, che tutte le persone «di buona volontà» dovrebbero accogliere con gioia e gratitudine, per difendere «la vita» (dal concepimento alla sua «fine naturale», evidentemente), «la famiglia», nonché i diritti dell'embrione come persona umana e quant'altro. Le chiese evangeliche, da parte loro, reagiscono sottolineando l'esigenza di laicità dello Stato e denunciando le «ingerenze» delle gerarchie romane. Ciò è spesso, purtroppo, necessario, ma rimane nettamente al di qua dei compiti di una chiesa. Il tema di quest'ultima è la verità di Dio nel mondo e la sua testimonianza. Che esista un dovere testimoniale dei cristiani sulle questioni di etica pubblica è un fatto che nessuna persona di buon senso mette in discussione. La domanda è dunque: come possono, le chiese, rendere tale testimonianza, *senza censurare le loro divergenze*, ma elaborandole in prospettiva ecumenica? La teologia ha svolto un certo lavoro in questo senso, per lo più, certo, fuori dall'Italia, cioè là dove la spada di Damocle delle sanzioni romane nei confronti di studiosi cattolici non del tutto allineati è un poco meno vistosa. Le chiese in quanto tali, però, sembrano più che reticenti in proposito. Per quanto riguarda specificamente quelle evangeliche, è necessario ribadire che il rischio di appiattirsi semplicemente sulle posizioni opposte a quelle della chiesa cattolica romana, senza porre in primo piano, in *questo quadro*, le istanze dell'evangelo, non costituisce nemmeno un buon servizio alla «laicità».

È vero, il clima è tutt'altro che favorevole a un percorso di questo genere. Come diremo in sede conclusiva, l'ecumenismo nel suo insieme attraversa una crisi violenta e di lungo periodo; forse, anzi, siamo entrati in un'epoca «postecumenica». Ciò rende, tuttavia, ancora più urgente il compito della vigilanza critica e della proposta costruttiva. Un ecumenismo che non sappia farsi valere quando sono in gioco la vita e la morte degli esseri umani, difficilmente potrebbe respingere l'accusa di sterilità e astrattezza; peggio ancora, esso non si mostrerebbe all'altezza della sue ragioni evangeliche. Da esse, dunque, è doveroso ripartire.

13

CONCLUSIONE
UN NUOVO ECUMENISMO?

1. IL SECOLO DELL'ECUMENISMO

Il Novecento è stato senz'altro il secolo dell'ecumenismo. Nel cap. 2 abbiamo brevemente delineato la fase pionieristica, poi lo sviluppo energico impresso grazie alla fondazione del Consiglio ecumenico, infine i nuovi orizzonti determinati dalla partecipazione della chiesa romana al cammino verso l'unità visibile. I venticinque anni tra il 1965 e il 1990 hanno determinato un'esplosione di speranze, tutt'altro che irragionevole.

Quattro fattori, mi pare, hanno inciso in modo particolare.

1) La pressione della base delle chiese. Sia la componente più consapevole e impegnata del popolo cristiano, sia, per ragioni diverse, quella meno attiva nelle comunità, hanno mostrato una vistosa insofferenza per barriere confessionali sempre meno comprensibili, in particolare nel quadro della società secolarizzata. A fronte delle grandi diversità nella comprensione del mondo (tra credenti e atei e tra credenti appartenenti a tradizioni religiose diverse) e ai drammatici problemi sociali e politici dell'umanità, le divergenze confessionali sono apparse a molti come un retaggio del passato, da superare con decisione. In tale giudizio vi era anche una componente di approssimazione, ma non è difficile riconoscere in esso un consistente nucleo di verità, sul quale l'impegno ecumenico ha fatto leva.

2) Le teologie accademiche cattolica e protestante (il discorso vale solo in parte per quella ortodossa, che ha vissuto una storia assai diversa) hanno imparato a lavorare intensamente assieme. Ciò vale in primo luogo per l'esegesi biblica nella quale, se ci si pone a un serio livello scientifico, consensi e divergenze, anche molto sensibili, sono del tutto *trasversali* rispetto alle confessioni. Anche nella dogmatica, nella teologia pratica e persino nell'etica, tuttavia, il dibattito, dopo il Vaticano II, è stato, in misura assai consistente, comune e condiviso, oltre le appartenenze ecclesiali.

3) Il Consiglio ecumenico delle chiese ha offerto un contributo inestimabile nel gettare ponti, nel coinvolgere con forza il Sud del mondo nel confronto ecclesiale, nell'inserire le tematiche socio-politiche, appoggiando anche materialmente i movimenti di liberazione, nel mantenere aperti i contatti con l'ortodossia oppressa dal giogo del socialismo di stato, nel perseguire con coraggio il dialogo con Roma. In questo sforzo, numerosi sono stati gli errori e le unilateralità. Il consapevole rifiuto di assumere, rispetto al comunismo, un atteggiamento demonizzante parallelo a quello del cattolicesimo romano, è sconfinato a volte in un atteggiamento remissivo e poco coraggioso. È doveroso dire, oggi che questo grave limite è spesso rimproverato da parte ortodossa, che a esso ha concorso anche la volontà di non mettere in difficoltà chi, con quei regimi, doveva fare quotidianamente i conti. Sarebbe stato facile giocare a fare i profeti restando a Ginevra. Piuttosto che condannare oggi il movimento ecumenico di allora, le chiese ortodosse dei paesi ex comunisti potrebbero utilmente chiedersi se, da parte loro, si sia sempre detto e fatto tutto quello che era necessario. Che le chiese ortodosse condannino ora come collaborazionisti i propri dirigenti del passato (dei quali comunque quelli attuali sono spesso gli eredi più o meno diretti), e al tempo stesso appoggino religiosamente le ambizioni neozariste dei nuovi satrapi, non può non suscitare consistenti perplessità.

È anche doveroso aggiungere che la forza del movimento ecumenico si è appoggiata a una certa abbondanza di mezzi finanziari, messi in gran parte a disposizione dalle chiese evangeliche tedesche, uscite a pezzi dalla guerra e dal nazismo e desiderose di rientrare nel dialogo internazionale. Oggi che anch'esse vivono gravi difficoltà finanziarie, che le costringono a ridurre il loro apporto, lo sforzo pluridecennale da esse compiuto dev'essere riconosciuto con gratitudine da tutti coloro che hanno a cuore la causa dell'unità della chiesa.

4) Gli anni Sessanta e i primi anni Settanta del XX secolo hanno visto una generale passione per il dialogo, il confronto, il superamento delle barriere, la progettazione del nuovo. Non è nemmeno il caso di sottolineare gli aspetti contraddittori, confusi e anche negativi e pericolosi che tale tensione rinnovatrice ha portato con sé. In ogni caso, essa ha creato un clima di speranza nel quale anche il movimento ecumenico ha potuto crescere. È parso (ingenuamente, possiamo forse dire oggi) per un tempo che esistesse qualcosa come un trend della storia: non lineare, certo, non privo di controtendenze, ma indirizzato, nell'insieme, verso un incremento della giustizia, dell'impegno di liberazione, dell'unità di intenti, della solidarietà.

2. LA SVOLTA

Dal punto di vista socio-politico, tre fattori, tra loro non omogenei e non coincidenti cronologicamente, hanno segnato un nuovo quadro.

1) L'elezione di Ronald Reagan alla presidenza degli Stati Uniti (1980) ha inaugurato una fase neoconservatrice di lunga durata. Importante per il nostro discorso è il ruolo, a suo modo realmente «ecumenico» svolto dalla destra religiosa, protestante, cattolica e anche ebraica nell'ideologia neoconservatrice.

2) Il crollo dei regimi comunisti è stato senza dubbio un grande evento di liberazione. Esso però ha lasciato l'America reaganiana come unica superpotenza mondiale, il che, per molti paesi del Sud del mondo, ha significato un aumento drammatico delle difficoltà. La nuova situazione ha anche modificato significativamente l'atteggiamento ecumenico delle chiese ortodosse, nelle quali si è manifestata con chiarezza sempre maggiore l'atavica diffidenza nei confronti dell'Occidente e della cultura da esso espressa.

3) I processi di globalizzazione hanno reso totalmente obsoleti i tradizionali strumenti di analisi sociopolitica. È nato un mondo nuovo, che si è sviluppato con una velocità infinitamente maggiore di quella delle capacità di interpretarlo (per tacere di quelle di governarlo). La ricchezza mondiale si è ulteriormente concentrata e la sperequazione tra ricchi e poveri è aumentata a ritmi esponenziali, del tutto fuori controllo.

In questo scenario, sono cambiate anche le chiese. Dell'ortodossia abbiamo in parte detto. Il cattolicesimo romano ha vissuto il lunghissimo (1978-2005) pontificato di Giovanni Paolo II, un cardinale polacco formàtosi nel fuoco della resistenza anticomunista della sua chiesa e più che perplesso nei confronti del liberalismo occidentale. Personaggio di statura eccezionale, grande comunicatore, non scevro, anche, da atteggiamenti demagogici, Karol Wojtyla ha fortemente propugnato un'interpretazione assai prudente del Vaticano II, sottolineandone all'estremo la continuità con la tradizione cattolica romana precedente. In questo è stato efficacemente coadiuvato dal teologo da lui chiamato alla direzione della Congregazione romana per la Dottrina della Fede, Joseph Ratzinger. Uomini dalla personalità assai diversa, Giovanni Paolo II e il futuro Benedetto XVI hanno realizzato un incisivo progetto di «normalizzazione» della chiesa cattolica, dopo quelli che a essi apparivano come gli imprudenti slanci conciliari e, soprattutto, post-conciliari. In Giovanni Paolo II, il conservatorismo interno si è sposato con gesti anche eclatanti su altri piani: l'impegno per la pace, per il dialogo interreligioso e anche le dichiarazioni sulla giustizia sociale. Queste ultime, tuttavia, non hanno impedito a lui e al suo braccio destro dottrinale di soffocare, a suon di provvedimenti disciplinari, sospensioni, censure, pressioni su vescovi e superiori di ordini religiosi, la chiesa della liberazione latinoamericana, per poi liquidarla definitivamente con nomine mirate dei nuovi vescovi.

Non si può dire che, fino all'inizio del XXI secolo, tale politica si sia accompagnata a dichiarazioni di scetticismo sul piano ecumenico. Anzi, Roma è stata molto attiva in questo ambito. Il Pontificio Consiglio per l'Unità dei Cristiani ha promosso un numero impressionante di dialoghi bilaterali; il cattolicesimo romano ha partecipato attivamente ai lavori di Fede e Costituzione; il Consiglio delle Conferenze Episcopali d'Europa ha promosso, insieme alla KEK, la grande assemblea di Basilea (e, poi, quella meno entusiasmante di Graz 1997 e quella francamente deprimente di Sibiu 2007). Nel 1999, alla vigilia del cosiddetto Grande Giubileo del 2000, è stata sottoscritta la Dichiarazione comune sulla dottrina della giustificazione. Su questo attivismo vaticano, due rilievi.

1. Esso ha determinato uno spostamento del baricentro dell'intero movimento ecumenico, da Ginevra a Roma. A ciò ha contribuito la crisi (progettuale, finanziaria, politico-ecclesiastica) del Consiglio ecumenico. L'osservatore disincantato non può non rilevare che ora è il Pontificio Consiglio ad avere l'iniziativa, a determinare l'agenda dei dibattiti, a proporre le grandi ipotesi che sono oggetto di discussione. Nato in suolo protestante, esplicitamente condannato dai papi, l'ecumenismo è ora diventato, se non un monopolio romano, almeno un ambito nel quale il Pontificio Consiglio si presenta come protagonista assoluto.

Naturalmente il Consiglio ecumenico non è scomparso dalla scena ed eventi come l'assemblea generale di

Puerto Alegre ne sottolineano il ruolo anche oggi significativo. La sensazione, tuttavia, è che esso resti su un piano prevalentemente simbolico. Le grandi strategie e i piani per il futuro, sembra di capire, sono elaborati altrove.

2. La febbrile moltiplicazione dei dialoghi si è accompagnata a una strategia generale non particolarmente promettente. Le aperture al riconoscimento, da parte di Roma, di chiese diverse da sé, tentate dal Vaticano II, sono state sterilizzate dall'interpretazione che, dei testi conciliari, hanno fornito le istanze magisteriali vaticane. Lo abbiamo visto in particolare nel cap. 6: in mancanza di un consenso sulla comprensione del ministero episcopale, quelle protestanti non possono essere considerate chiese «in senso proprio». Nonostante le speranze di alcuni ambienti luterani, nemmeno la Dichiarazione congiunta del 1999 ha cambiato alcunché al riguardo.

Il protestantesimo è stato investito da questi cambiamenti in una fase di rilevante crisi interna. Le sue caratteristiche ecclesiologiche, ma anche di mentalità, lo hanno esposto, nei paesi ricchi occidentali, alle spinte della secolarizzazione in misura più rilevante rispetto al cattolicesimo; la consistenza numerica delle chiese si è ridotta, spesso drammaticamente, con conseguenze rilevanti anche a livello finanziario. Il grande punto di forza del protestantesimo, cioè la ricchezza pluralistica e dialogica, la libertà nel dibattito, la capacità di accogliere e integrare posizioni diverse, si è tradotta, nella società mediatica, in un fattore di debolezza. La voce unica e stentorea del bianco viaggiatore proveniente da Roma, infatti, ha mostrato una capacità di ottenere udienza infinitamente maggiore di quella espressa dalle assemblee delle chiese evangeliche e dai loro esecutivi collegiali: essi appaiono all'opinione pubblica farraginosi nelle procedure, oscuri e complicati nelle conclusioni, modesti nella rappresentatività. È impressionante constatare che anche quei settori dell'opinione pubblica occidentale che rifiutano drasticamente le posizioni romane (ad esempio, in materia etica), di fatto vedono nel pontefice il loro vero interlocutore «cristiano» o, addirittura, il rappresentante delle «religioni»; nei casi più estremi, addirittura della «sensibilità alle questioni etiche». Un fenomeno, come vedremo, che ha visto un ulteriore, poderoso incremento con l'avvento di papa Francesco.

Un ulteriore fattore critico è costituito, per il protestantesimo, dall'esplosione del movimento «evangelicale» (in particolare pentecostale), nato in suolo protestante, ma che ormai tende a configurarsi come una forma autonoma di cristianesimo. Esso fa proprie le tesi decisive della Riforma (la centralità della Scrittura, la giustificazione per grazia, il sacerdozio universale dei credenti). Diversa è però la prospettiva culturale di fondo: mentre il protestantesimo "classico" si è plasmato nel quadro del confronto con la modernità di matrice europea, i nuovi movimenti evangelici mantengono un rapporto essenzialmente critico soprattutto con la secolarizzazione, che della modernità occidentale è una delle espressioni qualificanti. Ne derivano: un'interpretazione biblica che spesso rifiuta consapevolmente gli esiti, e ancor più i metodi e la passione spirituale e intellettuale, dell'esegesi moderna; una teologia che, mentre riprende in modo spesso molto fedele il vocabolario della tradizione evangelica, lo inserisce in un impianto che ritiene di poter aggirare o ignorare le grandi sfide della modernità (un esempio per tutti: il darwinismo e le sue conseguenze culturali, globalmente intese); un'etica che, mentre si richiama con forza alla lettera del testo biblico, respinge come compromissorio ogni tentativo di leggere tale testo sullo sfondo delle conoscenze e delle sfide attuali. Mentre dunque le chiese protestanti «classiche» manifestano un vistoso affanno, quelle «evangelicali» crescono impetuosamente, soprattutto nei paesi del Sud del mondo, e si propongono al cattolicesimo e all'ortodossia come il nuovo, vero interlocutore ecumenico. Il fatto è tanto più significativo in quanto l'arcipelago «evangelicale» manifesta, in termini piuttosto perentori, un'accentuata diffidenza, quando non un vero e proprio rifiuto, nei confronti dell'ecumenismo. Roma, però, pensa in tempi lunghi e in prospettiva non soltanto teologica, ma anche geopolitica: il suo interesse si indirizza là dove, a suo parere, si collocano le forze alle quali sembra appartenere il futuro. Inoltre, molti elementi della concezione «evangelicale» attraversano anche le chiese storiche, il che può senz'altro essere visto come un elemento di vitalità del protestantesimo, una capacità di recepire gli stimoli dei tempi nuovi. Finché, però, l'incidenza sociologica e statistica delle chiese protestanti continua a ridursi, è difficile pensare che esse possano assumere nuovamente l'iniziativa, anche ecumenica, che le ha caratterizzate nel passato.

3. Il nuovo scenario ecumenico

In un simile quadro, non stupisce che, per individuare l'orizzonte ecumenico che si profila in questo inizio di XXI secolo, ci si debba rivolgere alle prese di posizione del Pontificio Consiglio per l'Unità dei Cristiani, attualmente diretto dal cardinale svizzero Kurt Koch. Le linee fondamentali dell'attuale progetto romano possono essere così sintetizzate.

1. L'ecumenismo, dal punto di vista vaticano, è «a due velocità». Con le chiese ortodosse, che appunto sarebbero chiese «in senso pieno», in quanto conservano un «vero» ministero episcopale, gran parte del cammino è stato già compiuto. Si tratterebbe soltanto di giungere a forme opportune di riconoscimento del primato papale. Molti ambienti ortodossi manifestano una disponibilità di fondo ad ammettere un «primato d'onore» del vescovo di Roma, considerato il patriarca d'Occidente; assai più pro-

blematico, invece, è il riconoscimento di un «primato di giurisdizione», cioè di una vera e propria autorità direttiva del pontefice romano. Un esame spregiudicato dei documenti in materia mostra abbastanza chiaramente, a nostro giudizio, che le dichiarazioni di ottimismo da parte romana sono, su questo punto, eccessive (e sanno di esserlo, aggiungeremmo: tra i difetti della curia romana *non* si può annoverare l'ingenuità). Resta il fatto che Roma non si attende molto dal dialogo con il protestantesimo.

2. Il confronto con gli ortodossi è ancor più promettente sul terreno etico-politico. In particolare in Europa, si profila una vera e propria alleanza, soprattutto tra Roma e Mosca, tesa a difendere i «valori cristiani» (come il cattolicesimo e l'ortodossia li intendono, si capisce) nella società: contro il «relativismo» del mondo secolare, e contro l'atteggiamento, ritenuto accomodante e, in definitiva, subalterno, delle chiese evangeliche.

3. Al protestantesimo viene offerta, comunque, una possibilità per uscire da quello che rischia di diventare un isolamento soffocante. Si tratterebbe di rinunciare a modelli ecumenici tipo quello della Concordia di Leuenberg, per accogliere il modello episcopale di stampo cattolico-ortodosso. Il card. Kasper è giunto a esprimere l'auspicio che un processo di evoluzione in questo senso, nelle chiese evangeliche, possa giungere a maturazione in coincidenza con il quinto centenario della Riforma di Lutero, che cadrà nel 2017. Una tale data, a parere del porporato, sarebbe opportuna per celebrare nuovi orizzonti di consenso tra Roma e il protestantesimo. Non è certo, a dire il vero, che le chiese evangeliche siano disposte a far coincidere il cinquecentesimo compleanno della Riforma con il seppellimento delle sue istanze. È vero però che questo genere di proposte romane suscita un certo interesse in certi ambienti, in particolare interni alle chiese che si riconoscono nella Dichiarazione di Porvoo (cfr. cap. 6).

4. Il Vaticano si mostra anche assai interessato a un fecondo confronto con le chiese «evangelicali». Esso non può, allo stato, riguardare l'ecclesiologia né la dottrina dei sacramenti. Assai più promettente appare il terreno dell'etica, sul quale, a parere di Roma, i nuovi movimenti evangelici hanno mantenuto le sane opinioni del buon tempo antico, resistendo alle suggestioni del mondo scristianizzato, alle quali invece il protestantesimo classico si mostrerebbe colpevolmente sensibile.

Lo ripetiamo: le istanze romane sono perfettamente consapevoli che un tale progetto, soprattutto se espresso in questa forma o in altre analoghe, è largamente ideale e che la realtà è ben più complessa. Di tal genere, se non tale appunto, è però il disegno romano nelle sue linee caratterizzanti. Sullo sfondo, vi è la convinzione che il protestantesimo sia giunto alla fine della propria parabola. E che lo stesso, benché in forma meno evidente, meno drastica e, soprattutto, più lontana nel tempo, valga per la modernità, cioè per il sistema di coordinate culturali, etiche e politiche generate dall'illuminismo. Si apre uno scenario nuovo, postmoderno, globale, nel quale la cultura di matrice europea-occidentale non è più egemone e protagonisti saranno popoli che non hanno vissuto la critica illuminista. Per Roma, che l'illuminismo non l'ha mai digerito, e per l'ortodossia, che lo ha conosciuto come una deviazione ateistica dell'Occidente, non si tratta di una cattiva notizia.

Francesco

L'11 febbraio 2013, le agenzie battono una notizia che gli osservatori definiscono immediatamente, e per una volta con ragione, «storica»: Benedetto XVI annuncia le proprie dimissioni. Con tale decisione, questo pontefice conservatore realizza, di colpo, la più significativa «riforma» del papato dopo la proclamazione dei dogmi del primato e dell'infallibilità. È vero, infatti, che l'eventualità delle dimissioni è prevista dal Codice di diritto canonico, ma è anche vero che, per rintracciare un precedente effettivo, occorre risalire al celebre «gran rifiuto» di Celestino V (1294!). Diventando «papa emerito», Benedetto XVI mostra con la massima chiarezza la distinzione tra il ministero e la persona. Un esponente della cerchia ristretta di Giovanni Paolo II commenta, criticamente: «non si scende dalla croce». Il precedente pontefice, in effetti, aveva vissuto la propria malattia in una prospettiva quasi mistica; nei giorni precedenti la sua morte, poi, essa era stata mandata in mondovisione, suscitando la perplessità di molti. Tale insistita celebrazione del papa sofferente si accompagnava, al di là di ogni valutazione, all'obiettiva assunzione del potere decisionale da parte di gruppi di potere interni alla curia, la quale, nel suo insieme, non sempre brillava per trasparenza. Joseph Ratzinger, che non è riuscito a riformare la macchina vaticana come probabilmente avrebbe voluto, non intende sottrarsi alla fatica del suo ruolo, bensì tutelarne l'autorità e l'autonomia, evitando il ripetersi di una simile situazione. Lo fa in un momento nel quale le forze gli consentono ancora la massima autorevolezza. Il suo è un gesto profondamente ecclesiale, che viene accolto con grande rispetto da sostenitori e oppositori, dentro e fuori la chiesa cattolica.

Dal conclave esce, per la prima volta, un pontefice sudamericano, di origine italiana, il gesuita Jorge Mario Bergoglio, arcivescovo di Buenos Aires, il quale assume, per la prima volta nella storia del papato, il nome di Francesco. Non è il caso di spendere parole per descrivere l'impatto della sua figura sulla chiesa romana e sull'opinione pubblica mondiale: essa è celebrata ogni giorno dal sistema della comunicazione globale. Francesco modifica sensibilmente lo stile di esercizio del pontificato, rendendolo più sobrio, criticando il lassismo delle gerarchie e l'attaccamento alla carriera, ponendo il proprio ministero nel segno di un «primato dei gesti»: incontri, atteggiamenti, un linguaggio immediato, schietto e, francamente, simpatico, perché comunica autenticità; soprattutto, egli si accinge con energia al rinnovamento della curia. Per la verità, il nuovo papa non perde occasione per sottolineare gli elementi di continuità con Benedetto XVI: le due persone e il loro atteggiamento pubblico, tuttavia, sono così diversi che l'opinione pubblica riceve l'impressione di una svolta importante. L'efficacia mediatica di Francesco supera nettamente persino quella, già enorme, di Giovanni Paolo II. Secondo alcune inchieste demoscopiche, non si può dire che il suo successo incrementi il consenso sociale della chiesa cattolica: la star è lui soltanto. È indubbio, tuttavia, che la sua chiesa e il suo ministero risentono positivamente di tale popolarità.

Gli ambienti cattolici che hanno sofferto gli anni di Giovanni Paolo II e, ancor più, quelli di Benedetto XVI, manifestano grande euforia. Si sprecano gli inni a «una nuova primavera», allo Spirito che «torna a soffiare», al rilancio delle istanze del Vaticano II. Tutto ciò è di solito sganciato da ogni seria critica della fase precedente (eravamo «in inverno»? lo Spirito aveva cessato di soffiare? il Vaticano II era stato insabbiato?) e assume frequentemente proprio quei toni adulatori che il papa sembra voler allontanare da sé. Un certo fastidio per questo «franceschismo» di maniera, tuttavia, che contagia anche molti «laici», non deve impedire di prendere molto sul serio la portata di quanto sta accadendo. Francesco, par di capire, sfugge alle etichette di «conservatorismo» o «progressismo». Colpisce, certamente, il fatto che egli non sembra disposto ad accettare che la dottrina ufficiale (nei confronti della quale mostra comunque il massimo rispetto) possa costituire un freno per la pastorale. Di qui i suoi tentativi di apertura (prudenti, ma a quanto pare reali) su alcuni argomenti, come l'atteggiamento nei confronti dei divorziati cattolici risposati. I temi propriamente teologici non sembrano essere al centro dei suoi interessi e, comunque, si nota chiaramente la sua provenienza dal Terzo Mondo, che reca con sé una prospettiva assai diversa da quella dei predecessori. La centralità dei poveri si declina in lui in termini certamente non identici a quelli della teologia della liberazione, o per lo meno privilegia la versione più moderata e meno chiaramente politicizzata di quest'ultima: tale priorità, tuttavia, determina importanti spostamenti di accenti. Più di Giovanni Paolo II e molto più di Benedetto XVI, Francesco è un papa «globale», anche se il consenso del quale gode è assai ampio anche in Europa e nel Nord America.

L'ecumenismo nell'era di Francesco

È possibile individuare conseguenze ecumeniche di questo nuovo stile? Occorre rispondere alla domanda in modo differenziato e senza entusiasmi superficiali. Sarebbe sciocco, tuttavia, limitarsi ad affermare che si tratti di operazioni di facciata mentre, «in realtà», tutto è come prima.

In primo luogo, è necessario prendere atto del fatto che siamo di fronte, come già si è rilevato, a un nuovo stile di esercizio del ministero papale. Giovanni Paolo II ne aveva menzionato la possibilità e l'opportunità ecumenica nell'enciclica *Ut unum sint*, del 1995. I segnali effettivi di novità, però, non erano stati particolarmente chiari: ora lo sono. È naturalmente possibile, e anche necessario, ripetere che, da un punto di vista evangelico, le obiezioni riguardano la sostanza teologica della concezione romana del papato, non solo le sue espressioni storiche: da questo punto di vista, la figura di Francesco non modifica i termini del dissenso confessionale. È altresì vero, però, che egli si è presentato, subito dopo la sua elezione, come vescovo di Roma, evitando l'uso di altri titoli, e che insiste molto sulla dimensione collegiale del proprio servizio. Ciò accade, va rilevato, anche quando tale collegialità sembra rallentare alcune innovazioni che molti si aspettano dal pontefice: Francesco riesce a spiazzare anche un certo «papismo riformista», che ora si appella alla sua autorità e vorrebbe il pugno di ferro nei confronti dei «conservatori». Egli è un uomo di cambiamento, che accetta la discussione e anche il dissenso (ha fatto in modo, ad esempio, da rendere pubblici i risultati delle votazioni sui documenti finali dei Sinodi del 2014 e del 2015 sulla famiglia), ma che vuole evitare lacerazioni. È presto, naturalmente, per dire se il papato come tale possa cambiare e in che termini. Esistono buone ragioni, tuttavia, per seguire con interesse gli eventi.

Anche in ambito ecumenico, poi, l'attuale pontefice sottolinea il suo interesse per l'incontro diretto. Limitiamoci all'Italia. Nel luglio 2014, egli si reca (privatamente: ma il papa non è mai una persona privata) presso una comunità carismatica di Caserta, accogliendo l'invito di «mio fratello, il pastore Giovanni [Traettino]». Nel giugno dell'anno successivo, poi, visita la chiesa valdese di Torino, accolto dal presidente della comunità, dai moderatori della chiesa valdese (sia del ramo italiano, sia di quello sudamericano), dalla presidente metodista: anche in questo caso, uno scambio molto semplice e diretto. Francesco evita di rispondere direttamente alle domande teologiche poste dal moderatore Bernardini, ma usa sempre, parlando dei valdesi, il termine «chiesa» (e non «comunità ecclesiale») e manifesta una fraternità reale. L'aspetto dell'incontro che più colpisce, però, è la richiesta di perdono, a nome della chiesa cattolica, per «i comportamenti non cristiani, persino non umani» nei confronti dei valdesi. Pochi mesi più tardi, il papa visita anche la chiesa luterana di Roma. Questo atteggiamento determina un mutamento del clima generale: le chiese evangeliche, evidentemente, lo accolgono con favore; soprattutto, però, le gerarchie cattoliche devono porsi il problema di assumere comportamenti corrispondenti. Anche se, dunque, l'ecumenismo in senso «tecnico», propriamente teologico, non costituisce, con ogni evidenza, una priorità di Francesco e anche se non è sua intenzione forzare innovazioni che potrebbero creare conflitti all'interno della sua chiesa, non è irragionevole aspettarsi, nel futuro immediato, almeno una certa ripresa di entusiasmo nel dialogo tra le confessioni.

Il fatto, poi, che il *papa* Francesco si muova, in generale, del tutto all'interno del paradigma tradizionale cattolico romano non può stupire nessuno e non andrebbe considerato lesivo di un rilancio della passione ecumenica. È possibile chiarire tale aspetto con l'esempio dell'«anno santo» detto «della misericordia» che, mentre scriviamo questo capitolo conclusivo (gennaio 2016), è in pieno svolgimento. È del tutto evidente che un evento spirituale, ma anche mediatico, come l'«anno santo», al di là del suo tema, dello stile personale del pontefice e delle sottolineature originali, resta tipicamente cattolico romano ed è portatore di elementi tradizionalmente controversi, come le famose indulgenze. Da questo punto di vista, anzi, eventuali tentativi di renderlo «inclusivo», o addirittura «ecumenico», rischiano di essere pasticciati e dunque controproducenti. Non si tratta, infatti, di discutere la centralità di un tema come la misericordia, né l'opportunità di sottolinearlo; il punto è che la natura stessa dell'«anno santo» e la storia di tale tradizione sono refrattarie a una rilettura ecumenica, per una serie di ragioni talmente evidenti da non richiedere particolari delucidazioni. Sarebbe però ecumenicamente assai miope adontarsi per il fatto che il cattolicesimo è ciò che è: tale constatazione è un *presupposto* del dialogo, non un ostacolo a esso. Naturalmente, le chiese evangeliche hanno tutte le ragioni di sottolineare che «l'unica porta santa è Cristo», come qualcuno, polemicamente, si esprime. Questo, in realtà, lo sanno anche Francesco e i cattolici: le «loro» porte sante intendono essere, se intendiamo bene, solo un simbolo dell'unica porta menzionata in Giov. 10,9: se poi tale simbolo sia pertinente oppure no, è un problema diverso. Anche per questo motivo, non è detto che la tradizionale polemica nei confronti delle rituali aperture di tali porte ecclesiastiche sia il modo migliore per testimoniare ciò che sta a cuore al cristianesimo protestante. Se davvero, come speriamo e riteniamo, esso vive del *solus Christus* della Scrittura e della Riforma, si tratta piuttosto di esprimerlo e praticarlo altrimenti, in modo, qualora se ne sia in grado, più efficace, più evangelico e, dunque, anche più ecumenico. L'«anno santo» è una manifestazione confessionale, così come la devozione mariana (cara anche a Francesco) e molte altre forme di pietà. Esse costituiscono un tema di confronto: ma se l'obiettivo è una testimonianza più autentica, la polemica rappresenta, come minimo, una perdita di tempo e una distrazione rispetto a ciò che davvero conta.

L'interessante stagione che stiamo vivendo, tuttavia, suscita anche alcune domande. L'uso del termine non è eufemistico: non si tratta di critiche camuffate, bensì di questioni realmente aperte.

La prima nasce dalla constatazione che, nel cattolicesimo romano, sembra che anche la riforma, se di questo effettivamente si tratta, sia opera dei papi e che abbia, sia come presupposto, sia come esito, un'ulteriore enfatizzazione della centralità del ministero pontificio. Non hanno torto gli amici cattolici non proprio favorevoli al nuovo corso di Francesco, i quali fanno notare agli evangelici che, con lui, la chiesa cattolica è «più papale» di prima. È vero, e noi stessi lo abbiamo sottolineato, che Francesco intende adottare un metodo altamente collegiale. Ma appunto questo è il paradosso, che tale collegialità, alla fine, si risolve in un'identificazione ancora maggiore della chiesa romana con il suo capo. Nella figura di Francesco, il peso dogmatico del papato, il carisma non comune della persona e l'assordante *battage* mediatico determinano una vera e propria apoteosi del pontificato. Per molti cattolici, ma anche per numerosi osservatori esterni alle chiese, ciò costituisce una conferma di una tesi assai classica: soprattutto in una società globalizzata, anche il cristianesimo ha bisogno di una figura simbolica alla quale si possa fare riferimento e che sia in grado di parlare a nome di tutti. Sia la Scrittura, tuttavia, sia la storia evidenziano i pericoli di una simile deriva. L'istituzione papale è caratterizzata, dal punto di vista teologico, dai dogmi del primato e dell'infallibilità; dal punto di vista politico, poi, essa è una delle non molte monarchie assolute ancora esistenti su questo pianeta. Non siamo, dunque, di fronte a una funzione presidenziale, rappresentativa, di coordinamento, bensì a una istituzione politicamente assai massiccia alla quale, come se non bastasse, sono attribuiti anche poteri soprannaturali. È proprio sicuro che un'istituzione di questo genere possa promuovere un rinnovamento ecclesiale nel senso dettato dall'evangelo?

Poiché istituzioni come la chiesa romana vanno molto al di là delle persone che esercitano i ministeri, appare legittima anche una seconda domanda: un rinnovamento del cattolicesimo così legato al carisma di quest'uomo, può proseguire dopo di lui? In altre parole: l'opera di Francesco, che diversi osservatori considerano assai solitaria, gli sopravviverà? E, prima ancora: avrà egli il tempo e la possibilità di realizzare almeno alcuni dei progetti che ha iniziato?

Il protestantesimo e il futuro dell'ecumenismo

Su un punto almeno, tuttavia, la figura «globale» e, a suo modo, «postmoderna» di Francesco aiuta a leggere il nostro tempo. L'ecumenismo del XX secolo, in particolare quello promosso dal Consiglio ecumenico delle chiese, ha certamente inteso aprirsi alle grandi sfide planetarie: nella sostanza, però, esso è rimasto molto ecclesiocentrico. Le questioni relative alla chiesa, alla sua struttura e al suo ministero hanno svolto un ruolo centrale e ancora continuano a svolgerlo. Nei dialoghi bilaterali condotti dal Pontificio Consiglio per l'Unità dei Cristiani con le chiese non romane, ciò è ancora più evidente. Del resto, come si è cercato di mostrare in questo volumetto, le divisioni tra le chiese passano, essenzialmente, sulle questioni ecclesiologiche. Si tratta di una situazione intollerabile, che rischia di condannare l'intero dibattito ecumenico alla sterilità e all'irrilevanza. Chiese intente a parlare di se stesse e di chi, al loro interno, esercita funzioni di potere (al di là della retorica, di questo si tratta, quando si discute del «ministero», anche se, com'è noto, la parola significa «servizio»), non solo risultano poco interessanti ma, soprattutto, pongono in secondo piano la ragione della loro stessa esistenza, l'annuncio di Gesù Cristo. Un grande merito di Francesco consiste nell'aver parlato pochissimo di ecclesiologia. Non lo ha fatto nemmeno per proporre nuove piste di riflessione: semplicemente, ha parlato d'altro, di Gesù. Non è affatto certo che il suo successo dipenda da questo. È più che probabile che molti, tra coloro che l'applaudono, vedano anzitutto il grande personaggio che però è «alla mano», vicino «alla gente» e che parla con semplicità. Se, tuttavia, c'è qualcosa di vero nella famosa tesi secondo la quale «il mezzo è il messaggio», anche e proprio in tale comunicazione si può scorgere un rinvio non banale a un Altro che, nel suo tempo, non era un grande personaggio, non disponeva di un mastodontico apparato mediatico, ma era «alla mano», parlava «alla gente» e lo faceva con semplicità. Perché non imparare, su questo, anche dal papa?

Dovrebbe farlo, in particolare, il protestantesimo, che nella proclamazione della centralità, non della chiesa, ma di Cristo, ha la propria ragion d'essere. Da questo punto di vista, il V centenario della Riforma potrebbe costituire una grande occasione ecumenica. Non si tratta solo, e nemmeno principalmente, di rileggere ancora una volta le discussioni del passato, per compiacerci del fatto che esse sono «in sostanza» superate, anche se si impongono «ulteriori approfondimenti», su alcune questioni, naturalmente ecclesiologiche, e ora anche etiche. Il contributo evangelico all'ecumenismo può solo consistere nel suo essere effettivamente essere protestante, cioè nel concentrarsi sulla rivelazione di Dio in Cristo soltanto e nella capacità di questa parola di rinnovare l'esistenza, anzitutto quella delle comunità della Riforma. Tale concentrazione non esclude un'attenzione competente alle grandi sfide del nostro tempo: anzi, essa costituisce il presupposto *anche* di un'attenzione interreligiosa, *anche* di una rilettura delle questioni di genere, *anche* di una sensibilità ecologica, *anche* di un atteggiamento propositivo sui temi della pace, *anche* di una critica alla politica irresponsabile sull'immigrazione, che ancora oggi caratterizza i paesi ricchi, ad esempio quelli europei.

Sarebbe velleitario, naturalmente, tracciare qui qualcosa come un programma per la testimonianza evangelica nel nostro secolo[1]. Il dialogo ecumenico, tuttavia, costituisce anzitutto una grande occasione per riflettere sulla *propria* vita con Gesù, aiutati dalla testimonianza altrui. Questo, nel XX secolo, lo abbiamo imparato bene: l'ecumenismo ci ha insegnato che non si può essere cristiani da soli, che cioè la propria tradizione, per quanto ricca e carica di doni spirituali, non basta. Precisamente per tale ragione, essa può essere riscoperta nel confronto, e rivissuta in termini non necessariamente alternativi ed escludenti.

La vocazione delle chiese, lo sappiamo, è la testimonianza nel mondo e, in ambito ecumenico, si cita volentieri, a questo proposito, la parola di Gesù in Giov. 17,21. Esiste, però, anche una caratteristica ambiguità dell'insistenza ecclesiastica sul tema della testimonianza. Quando ci si interroga, a volte quasi con angoscia, su «che cosa dire» o anche «come parlare», alle «donne e agli uomini d'oggi», si tende di solito a privilegiare problemi di linguaggio e di comunicazione. Che anch'essi abbiano la loro importanza è ovvio. Il dibattito sul linguaggio, tuttavia, risulterebbe meno ossessivo se le chiese e i singoli fossero più attenti alla dimensione decisiva, che è quella dell'*ascolto* di Cristo. Chi discute immediatamente del linguaggio presuppone di conoscere già ciò che deve dire, ponendosi dunque il problema di *come* dirlo. La chiesa, tuttavia, è anzitutto una comunità che si pone in ascol-

---

[1] Alcune riflessioni in proposito in F. FERRARIO, *Il futuro della Riforma*, Claudiana, Torino 2016.

to di una parola che non possiede e che per questo è chiamata ad attendere. Il famoso *sola Scriptura* protestante non dovrebbe essere inteso, anzitutto, come un grido di battaglia contro l'enfasi sulla tradizione o sul magistero ecclesiastico, bensì come un richiamo all'attesa della parola che proviene dal Cristo biblico. Richiamarsi alla Riforma richiede, in primissimo luogo, questa fondamentale *passività*, che concentra in sé il massimo dell'energia e della passione: la passività dell'attesa e dell'ascolto del Dio che parla in Gesù Cristo. Tale passività è *attiva* già nel culto della comunità, nel canto e nella meditazione, nella preghiera. Una lettura, anche superficiale, ad esempio dei *Catechismi* dei Riformatori, evidenzia queste priorità con tutta la chiarezza desiderabile. Nella tradizione cristiana antica e medievale, e in quelle cattolica romana e ortodossa, tale dimensione «passiva» è sottolineata soprattutto dall'esperienza monastica. Il progetto della Riforma consiste essenzialmente nell'estendere alla comunità nel suo insieme tale centralità dell'ascolto: si tratta della trascrizione (ovviamente, appunto, radicalmente *riformata*) degli elementi strutturanti della passione monastica in una chiesa di uomini e donne in genere coniugati, che vivono nella società e si impegnano in essa. Quando Karl Marx afferma, polemicamente, che Lutero «ha trasformato i preti in laici trasformando i laici in preti», egli, a modo suo, individua il significato profondo della Riforma meglio di molto protestantesimo secolarizzato. Tale trasformazione vive di una parola *altra*, del tutto eterogenea rispetto a quelle che circolano nelle strutture della vita associata. Proprio per tale ragione, il cristianesimo protestante è stato in grado di pronunciare parole politiche e civili, parole *mondane*, incisive e originali. La testimonianza ecclesiale nel mondo nasce dall'ascolto paziente e fedele della parola di Dio, anzitutto nelle forme alle quali Dio stesso ha vincolato la propria promessa, cioè quelle della predicazione e del sacramento.

La dimensione dell'ascolto, vissuta con semplicità, il che significa anche con serietà, relativizza l'ansia collegata al linguaggio dell'annuncio: una chiesa che ascolta testimonia con la sua stessa esistenza. Essa costringe, cioè, la società a prendere atto che del fatto che esistono uomini e donne convinti che ciò che per l'esistenza umana è decisivo proviene da una parola pronunciata, nella storia di Gesù di Nazareth, dalla realtà prima e ultima che essi chiamano «Dio». In questo senso, l'*esistenza* della chiesa è una realtà sorprendente, per molti versi anacronistica nella società secolare e postmoderna: ma esiste un «anacronismo di Dio» che è più attuale dell'attualità degli uomini e delle donne. Proprio per questo, la comunità dell'ascolto costituisce un punto interrogativo rispetto ai presupposti culturali e sociali comunemente accolti. Porre tale punto interrogativo, mediante il semplice fatto di riunirsi nel culto, leggere la Bibbia, pregare, costituisce il compito fondamentale della chiesa evangelica. Questo ha fatto la Riforma, e in tal modo essa ha anche cambiato la società europea.

Il protestantesimo odierno è chiamato a porsi, una volta ancora, alla scuola di questa tradizione. L'eredità che il secolo dell'ecumenismo, il XX, ci consegna è la seguente: tale scuola ha nel dialogo con le altre chiese, e non nella contrapposizione a esse, uno dei suoi luoghi privilegiati. Ci si potrebbe esprimere così: si tratta di reimparare a essere protestanti nella comunione con cattolici, ortodossi ed evangelicali. È più che verosimile che, in tale impegno, le chiese della Riforma possano offrire anche un contributo alle altre, aiutarle a essere più universali e più fedeli anche alla propria storia particolare. Prima di tutto, però, è opportuno porsi, anche nei confronti delle altre famiglie cristiane, in umile ascolto. Chi celebra il Dio trino, legge la Bibbia e prega, non ha paura di smarrire la propria identità, anzi, nemmeno si pone il problema. Tutta l'attenzione è rivolta a un'altra domanda sull'identità, quella che pone Gesù stesso: «voi, chi dite che io sia?».

PISTE DI APPROFONDIMENTO

Una bibliografia anche solo indicativa sulla odierna teologia ecumenica va al di là degli scopi di questo volume. Più modestamente, intendiamo offrire la possibilità di proseguire la ricerca, segnalando opere ciascuna delle quali è ricca di ulteriori indicazioni. Inoltre, indichiamo una serie di siti web di interesse ecumenico.

MANUALI DI TEOLOGIA ECUMENICA

G. GOOSEN, *Introduzione all'ecumenismo*, Claudiana, Torino 2007 – Un testo agile e adatto per quanti desiderino avere una panoramica sulle questioni ecumeniche. Sebbene l'approfondimento sia inferiore rispetto a quello di Neuner, offre interessanti spunti e suggerimenti per avvicinarsi all'ecumenismo.

P. NEUNER, *Teologia ecumenica*, Queriniana, Brescia 2003[2] – Solida presentazione panoramica della problematica ecumenica, che unisce livello elevato e grande chiarezza.

T.F. ROSSI, *Manuale di ecumenismo*, Queriniana, Brescia 2012 – Il volume si distingue per l'attenzione all'aspetto didattico ed è tra le non molte opere sul tema prodotte in Italia.

SUI CAPP. 1 E 2

R. ROUSE, S.C. NEILL, *Storia del movimento ecumenico dal 1517 al 1968*, 4 voll., trad. it. il Mulino (poi Dehoniane), Bologna 1973-1982.

G. CERETI, *L'ecumenismo cristiano*, in: G. FILORA-
MO, D. MENOZZI, *Storia del cristianesimo. L'età contemporanea*, Laterza, Roma-Bari 1997, pp. 353-396.

SUL CAP. 3

F. FERRARIO, *Tra crisi e speranza. Contributi al dibattito ecumenico*, Claudiana, Torino 2008.

SUL CAP. 4

F. FERRARIO, *Dio nella Parola*, Claudiana, Torino
2008, cap. II.
A. MAFFEIS (a cura di), *Dossier sulla giustificazione*,
Queriniana, Brescia 2000.

SUL CAP. 5

F. FERRARIO, *Dio nella Parola* cit., cap. V.

SUL CAP. 6

G. CERETI, *Per un'ecclesiologia ecumenica*, Dehoniane, Bologna 1997 (punto di vista cattolico).
COMUNITÀ DI CHIESE PROTESTANTI IN EUROPA (già
Comunione ecclesiale di Leuenberg), *La chiesa di Gesù
Cristo*, Torino, Claudiana 1996, http://www.voceevange
lica.ch/upload/news/00020La20chiesa20di20GesC3B
920Cristo202D20Leuenberg.pdf.

SUI CAPP. 7, 8, 9

F. FERRARIO, *Dio nella Parola* cit., cap. VI.

SUL CAP. 10

GRUPPO DI DOMBES, *Maria nel disegno di Dio e nella comunione dei santi*, Edizioni Qiqajon, Magnano (VC) 1998 (proposta di lettura ecumenica della tradizione mariologica).

G. MIEGGE, *La Vergine Maria. Saggio di storia del dogma*, Claudiana, Torino 2008[4] (prospettiva evangelica).

SUI CAPP. 11 E 12

Il pubblico interessato a conoscere le diverse prospettive etico-teologiche presenti in ambito cattolico non avrà difficoltà a reperire il materiale; per quanto riguarda il protestantesimo, si può vedere S. ROSTAGNO, *Etica protestante. Un percorso*, Cittadella, Assisi 2007.

SULLA CONCLUSIONE

F. FERRARIO, *Il futuro della Riforma*, Claudiana, Torino 2016.

W. KASPER, *Raccogliere i frutti. Aspetti fondamentali della fede cristiana nel dialogo ecumenico. Consensi, convergenze e differenze. Se non desistiamo, mieteremo (Gal. 6,9)*, "Il Regno – documenti" 54 (2009), pp. 585-664 (bilancio dei dialoghi bilaterali condotti dalla Chiesa cattolico romana, dal punto di vista dell'allora presidente del Pontificio Consiglio per l'Unità dei Cristiani).

A. POLITO, *Francesco tra i lupi. Il segreto di una rivoluzione*, Laterza, Roma-Bari 2015[2] (analisi politico-ecclesiastica dei primi anni del pontificato di Francesco e delle prospettive per l'immediato futuro).

PER APPROFONDIRE SUL WEB[*]

http://www.oikoumene.org/ – Sito ufficiale del Consiglio ecumenico delle chiese, aggiornato e con notizie precise sui progetti e le attività dell'organismo. Il sito è consultabile in inglese, tedesco, francese e spagnolo.

http://www.vatican.va/roman_curia/pontifical_councils/chrstuni/index.htm – Pagina ufficiale del Pontificio Consiglio per la Promozione dell'Unità dei Cristiani; contiene informazioni sullo stato attuale dei dialoghi bilaterali condotti dalla chiesa cattolica romana con le altre chiese e mette a disposizione i testi delle consultazioni condotte fino a questo momento. Per le encicliche e i documenti papali citati nel testo si può digitare l'indirizzo: http://www.vatican.va/offices/papal_docs_list_it.html (i testi sono a disposizione in lingua italiana).

http://www.ceceurope.org – Sito ufficiale della Conferenza delle chiese europee. In inglese.

http://leuenberg.net/ – Pagina web ufficiale della Comunità di Chiese Protestanti in Europa; in inglese, ma pubblica anche documenti in tedesco e francese.

http://www.saenotizie.it/ – Sito ufficiale del Segretariato Attività Ecumeniche.

http://www.chiesavaldese.org/ – Sito ufficiale della Chiesa evangelica valdese in Italia.

http://www.prounione.urbe.it/home_it.html – Sito del Centro Pro Unione, Roma; documenti dei dialoghi ecumenici in inglese, e numerosi altri materiali.

http://www.isevenezia.it/ – Sito dell'Istituto di Studi Ecumenici S. Bernardino di Venezia e della rivista "Studi ecumenici".

---

[*] Le fonti informatiche sono state consultate il 30 settembre 2016.

http://www.centroecumenismo.it – Sito del Centro per l'Ecumenismo in Italia.

http://www.dehoniane.it/control/ilregno/documenti – Sito della rivista "Il Regno – Documenti".

http://www.dehoniane.it/control/ilregno/attualita – Sito della rivista "Il Regno – Attualità".

http://riforma.it – Sito del settimanale "Riforma", delle Chiese evangeliche battiste, metodiste e valdesi.

http://www.ildialogo.org/ – Sito privato, che presenta numerosi documenti e materiali in lingua italiana.

ALCUNI DOCUMENTI DI INTERESSE ECUMENICO

CONCILIO VATICANO II, Costituzione dogmatica *Lumen gentium*; Decreto *Unitatis Redintegratio*, http://www.vatican.va/archive/hist_councils/ii_vatican_council/index_it.htm.

COMUNITÀ DI CHIESE PROTESTANTI IN EUROPA (già Comunione ecclesiale di Leuenberg), *Concordia di Leuenberg* (1973): http://www.voceevangelica.ch/upload/news/00020La20chiesa20di20GesC3B920Cristo202D20Leuenberg.pdf.

COMMISSIONE FEDE E COSTITUZIONE, *Battesimo – Eucaristia – Ministero*, www.ildialogo.org.

COMUNITÀ DELLE CHIESE PROTESTANTI IN EUROPA (già Comunione ecclesiale di Leuenberg), *La Chiesa di Gesù Cristo*, Claudiana, Torino 1996, https://www.claudiana.it/download/La_Chiesa_di_Gesu_Cristo.pdf

GIOVANNI PAOLO II: Lettera enciclica *Ut unum sint*: www.vatican.va/holy_father/john_paul_ii/encyclicals/documents/hf_jp-ii_enc_25051995_ut-unum-sint_it.html.

SINODO DELLE CHIESE VALDESI E METODISTE 1995, *Il papato e l'ecumenismo*, "Protestantesimo" 50 (1995), pp. 241-245.

SINODO DELLE CHIESE VALDESI E METODISTE 1998, *L'ecumenismo e il dialogo interreligioso*, http://www.chiesavaldese.org/pages/documenti/doc_ecumenismo.html.

FEDERAZIONE LUTERANA MONDIALE, PONTIFICIO CONSIGLIO PER L'UNITÀ DEI CRISTIANI, *Dichiarazione congiunta sulla giustificazione*: http://www.vatican.va/roman_curia/pontifical_councils/chrstuni/documents/rc_pc_chrstuni_doc_31101999_cath-luth-joint-declaration_it.html.

Discorsi del moderatore della Tavola Valdese e di papa Francesco a Torino, 21 giugno 2015: http://riforma.it/it/articolo/2015/06/22/i-testi-dei-discorsi-della-visita-di-papa-francesco-al-tempio-valdese.

INDICE

Finito di stampare il 17 ottobre 2017 - Stampatre, Torino

F. Ferrario - W. Jourdan

**PER GRAZIA
SOLTANTO**

L'annuncio della giustificazione

PICCOLA
COLLANA
MODERNA
CLAUDIANA

Fulvio Ferrario, William Jourdan
Per grazia soltanto
L'annuncio della giustificazione
pp. 126; € 6,00
Piccola collana moderna 114
ISBN 978-88-7016-596-8

Karl Barth
Esistenza teologica oggi!
a cura di Fulvio Ferrario
pp. 89; € 8,50
Piccola collana moderna 153
ISBN 978-88-6898-043-6

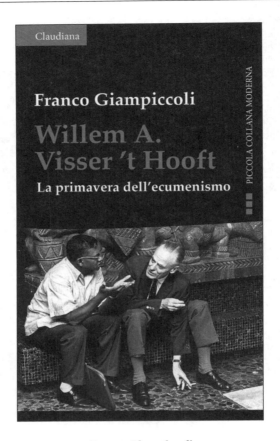

Franco Giampiccoli
Willem A. Visser't Hooft
La primavera dell'ecumenismo
pp. 208; € 14,90
Piccola collana moderna 151
ISBN 978-88-6898-027-6

Giovanni Miegge
La chiesa valdese sotto il fascismo
a cura di Claudio Tron
pp. 129; € 13,50
Piccola collana moderna 154
ISBN 978-88-6898-052-8

Claudiana

Paolo Ricca
Giorgio Tourn

Le 95 tesi
di Lutero

PICCOLA COLLANA MODERNA

Paolo Ricca, Giorgio Tourn
Le 95 tesi di Lutero
pp. 83; € 4,17
Piccola collana moderna 78
ISBN 978-88-6898-110-5

Thomas Soggin
La Riforma a Ginevra negli anni di Calvino
Un capovolgimento nella vita della città
pp. 110; € 9,50
Piccola collana moderna 155
ISBN 978-88-6898-017-7

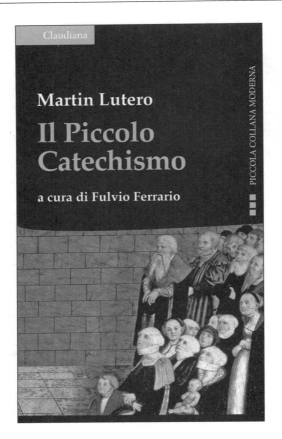

Martin Lutero
Il piccolo catechismo
a cura di Fulvio Ferrario
pp. 79; € 7,50
Piccola collana moderna 107
ISBN 978-88-6898-031-3

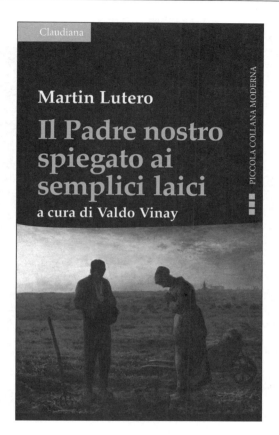

Martin Lutero
Il Padre nostro spiegato ai semplici laici
a cura di Valdo Vinay
pp. 86; € 7,50
Piccola collana moderna 152
ISBN 978-88-6898-042-9